BIE GAOSU WO
NI DONG MAIFANG

别告诉我你懂买房

光明顶◎著

SPM
南方出版传媒
广东经济出版社
—广州—

图书在版编目（CIP）数据

别告诉我你懂买房/ 光明顶著. —广州：广东经济出版社，2015.1（2017.7 重印）
ISBN 978-7-5454-3842-0

Ⅰ. ①别… Ⅱ. ①光… Ⅲ. ①住宅-选购-基本知识-中国
Ⅳ. ①F299.233.5

中国版本图书馆 CIP 数据核字（2015）第 003056 号

出版发行	广东经济出版社（广州市环市东路水荫路 11 号 11~12 楼）
经销	全国新华书店
印刷	佛山市浩文彩色印刷有限公司 （南海狮山科技工业园 A 区兴旺路）
开本	730 毫米×1020 毫米 1/16
印张	9.5
字数	127 000 字
版次	2015 年 1 月第 1 版
印次	2017 年 7 月第 3 次
印数	5 001~6 000 册
书号	ISBN 978-7-5454-3842-0
定价	28.00 元

如发现印装质量问题，影响阅读，请与承印厂联系调换。

发行部地址：广州市环市东路水荫路 11 号 11 楼

电话：（020）38306055 37601950 邮政编码：510075

邮购地址：广州市环市东路水荫路 11 号 11 楼

电话：（020）37601950 营销网址：**http://www.gebook.com**

广东经济出版社新浪官方微博：**http://e.weibo.com/gebook**

广东经济出版社常年法律顾问：何剑桥律师

目录

前 言

未来15年买房策略大不同

很多有意买房的人，看了不少楼盘，也参观了不少样板房，但始终犹豫着拿不定主意。“对房地产一点都不了解，去看房根本不懂该看些什么”是常见状态。

买房主要看什么？2014年之前与2014年之后的买房关键点是不一样的。

过去15年，买房的关键是找对时间；未来15年，买房的关键是找对空间。

过去15年房价普涨，家庭财富分化

1999年之前，大部分人获取住房的方式依然是单位的福利分房，买房时代尚未来临，“楼市”还不存在。1999年元旦，国家货币化分房政策正式出台，这是商品房市场发展的真正起点。

1999年元旦，到2013年底，是中国房地产业的第一个15年。这15年，是房价普涨的时代。

1999年，中国商品房销售均价约2 000元，2013年全国商品房销售均价约6 000元，是1999年的3倍，约13%的年均增长率稳赢CPI和中国股市。

房价的持续上涨使得房产成为中国家庭的财富分水岭。来看2013

年5月31日的一篇报道《人民日报谈收入差距：辛苦几十年不如分套房》：

辛辛苦苦几十年，不如单位一套房。6年前，大学毕业的周妍与北京望京一家外企签订了工作合同，虽然工资不低，但没有住房，一直租住单位附近的一套小居室。同学王姝进入了一家国有单位，工资比周妍低一些，但王姝一上班，就以低于市场1/3左右的价格，分到了单位“团购”来的一套100多平方米的商品房。

几年下来，虽然周妍的月薪还是比王姝高一些，但由于房价上涨，王姝的家庭财富已相当于周妍的两三倍。

和周妍一样，不少在城市打拼的人，用勤劳的双手创造着财富，却在无形中输给了靠“财富致富”的人。“有房子，还是没有房子”“有一套房，还是几套房”，已成为家庭财富的最大差别。

过去15年，买房就像炒股票，逢低买入收益高

过去15年房价普遍上涨，买房者100个人里面90多人都赚了，但这里面也有赚多赚少的差别。选准时机，逢低买入的人赚得明显会更多。

1999年到2003年的低房价时期、2008年的金融危机房价下跌期、2011年和2012年上半年的严厉调控降价促销期都是逢低买入的好时机。2004年到2007年的房价大涨、2009年到2010的房价补涨、2012年下半年到2013年的房价再次补涨都为逢低买入的购房者提供了丰厚的回报。

为什么大家都说过去15年是房地产的黄金时代？来看两个城市的数据就明白了。在北京，2002年的住宅销售均价大约为4 467元/米^2，

而到了2010年则达到了17 151元/米^2，增幅达283%。在上海，2002年住宅销售均价大约为4 007元/米^2，2010年则达到14 290元/米^2，增幅达256%。

财富嗅觉异常灵敏的温州人自然不会错过这样的黄金时代。从2000年开始，温州人就在上海、杭州、苏州、厦门、北京、宁波、金华等地置业。随后几年，温州炒房团向北跨越长江，转战青岛、济南、北京、哈尔滨、大连、沈阳；向西，则溯长江而上，攻克南京、武汉、重庆、成都；向南，则是奔赴海滨城市厦门、海口、三亚……能在2008年及2011年、2012年的楼市寒冬中保持现金流不断裂的温州职业炒房客足以富足一生。

从楼市中赚钱更多的自然不是投资客，而是房地产开发企业及其老板。

万科在1992年时净利润只有0.73亿元，而2002年的净利润则是3.98亿元。到了2011年，万科的净利润则达到了115.99亿元。2009年胡润富豪榜前10位的富豪中，有8位的主业为房地产开发或涉足房地产业。2012年福布斯排行榜中，涉及地产领域的公司依旧过半。

未来15年，买房就像进赌场，城市买大不买小

与过去15年大不相同的是，未来不存在大中小城市的房价普遍上涨，今后15年中国房产的保值或增值主要是在核心的一二线城市，而中小城市的房价或维持稳定或大幅下跌。

经济学家金岩石研究了世界主要国家的房地产历史后发现：

发展中国家的城市化有三个阶段：第一阶段，城市化率从20%到35%，大城小镇房价普涨；第二阶段，城市化率从35%到50%，大城大涨，小镇小涨，个别例外；第三阶段，城市化率从50%到65%以上，

大城疯涨，小镇不涨甚至暴跌。因为在城市房地产的价格背后是人口与货币的流动，是城市化空间的稀缺性，所以人来疯涨，人去楼空。在美欧已结束城市化的国家中都有一些“鬼城”，这些人口外流的城市，房价极低，就业机会很少，这就是笔者常说的“去城市化”。

过去15年，中国的城市化水平基本处于金岩石所说的第二阶段。典型的高房价城市是北京、上海和深圳，高房价背后是持续的人口和资金流入。

从城市常住人口的结构来看，北京、上海和深圳这三大中心城市的流动人口和户籍人口的比例分别为58%、65%、300%，由此可见，流动人口作为生产和消费的主体，对城市生产密度、消费密度的提升起到了至关重要的推动作用，也构成城市繁荣的基础推动力。

未来15年，中国的城市化水平基本处于金岩石所说的第三阶段。在数量众多的人口减少的城市，房价不可能持续上涨，原先房价过高的城市房价还会下跌。

与此同时，中国的人口不断地向核心城市靠拢（但将不局限于北上广深），而一二线城市的土地不可能无限供应，这是房产保值或升值的基本保障。

供求关系决定房价。来看一下历史数据：2000年到2004年，商品房销售面积对当年竣工面积的比率平均不到80%，2005年一举突破100%，达到103.87%，这意味着商品房的库存增长结束，2005年房价明显上涨。接下来，在2006年、2007年这一比率快速攀升至110.79%和127.63%的同时，房价的上涨速度逐步加快。

由于巨大的需求，中国一二线城市的房产甚至到了被哄抢的程度。

2013年，南京有5家楼盘选在国庆长假前一天晚上开盘，而其中有3家直接“夜光”，另有1家售出八成以上。“9月初就交了诚意金，收到开盘通知就来排队，现场比抢黄金还火爆。”南京购房者钱先生如此形容他的抢房经历。节前最后一天，位于仙林的一处楼盘开盘推出260套房源，5小时内宣告售罄；10月2日，该盘再推108套中小户型房源，又一次“日光”。

由于农村不是人口聚集之地，因此农村的房子不怎么值钱；未来中国的广大中小城市也不能持续吸引到新增人口，其房产的保值或增值能力也没法和一二线城市相比。

下跌和上涨同时出现的房地产大分化时代已经展露了一点迹象。2013年北上广深房价一路飞涨，而与此同时北方的资源型城市鄂尔多斯和南方高利贷链条断裂的城市温州的房价则继续深陷下跌泥潭。

2014—2028年，有的城市房价不涨或下跌，有的城市房价将温和上涨（涨幅跟过去15年比将放缓），房价大分化将成为中国楼市的基本特征。

因此，过去15年，有没有房是家庭财富分水岭；而未来15年，在哪里购买房产将成为家庭财富的分水岭。

本书想告诉你的五大买房法则

买房是一套关于空间选择的学问，空间选择分为五个步骤。

首先我们要选择最有发展潜力、最能汇聚资金和人口的城市；接下来我们要选择某个大城市的汇聚优质资源（教育资源、交通资源、商业资源、景观资源）的区域；然后要选择一个品牌较佳的大开发商的大型楼盘（或者说是大型社区）；在这个大盘中，我们购买首期开盘的楼栋；在选定的楼栋中，我们要选择最有利于身心健康的房子。

选对了区域和城市，房产保值或者升值就有了保障，还能实现以房养老；选对了开发商和楼盘，买房和居住时你会非常省心；买到了大盘的首期，你能实现省钱目标；选对了房子，住在里面能够健康养生。

做好五大空间选择，买一套房子，你能同时实现“保值、省钱、省心、养生、养老”五大目标。

很多人买件衣服还东奔西跑、货比三家，我相信买套房子怎么着也值得静下心来花一天时间翻看完这本书。

写作这本实际不到10万字的小书，我花了近一年时间，主要精力就用于对中国房地产未来趋势的思考和买房五重空间选择的总结，希望能对读者买房起到参考作用。

在前言的最后，我要感谢带我入行的广东中原地产的何志坚总监，他有着近20年的房地产经验，传授给我很多宝贵经验；感谢我的直接领导姜慧坤女士，她教会了我比较系统地分析一个房地产项目。

序　篇

一个季度决定未来十年买房策略

2013年第四季度，中国房地产市场的政策风云变幻。这个季度的政策决定了未来十年的房地产市场趋势，我们必须细细梳理，认真领会，以便掌握房价的走势、买房的时机、买房的城市和板块。

未来十年房价涨幅明显放缓，未来三年是买房良机

要控制房价，一方面要减少需求，一方面要增加供应，2013年第四季度陆续出台的房地产政策思路大体如此。

2013年10月29日，在集体学习惯例延续11年后，中共中央政治局首次专题学习住房领域情况。这是历史上谈房地产规格最高的一次会议——上一届领导班子是通过国务院常务会议讨论房地产问题的。

会议根据中国国情，指出要实现全体人民住有所居的目标，总的方向是构建以政府为主提供基本保障、以市场为主满足多层次需求的住房供应体系。

只有坚持市场化改革方向，才能充分激发市场活力，满足多层次住房需求。同时，总有一部分群众由于劳动技能不适应、就业不充分、收入水平低等原因而面临住房困难，政府必须“补好位”，为困难群众提供基本住房保障。

根据“十二五”规划，此次会议明确指出，未来要建设城镇保障性住房和棚户区改造住房3 600万套（户），到2015年全国保障性住房覆盖面达到20%左右。

会议的另一大看点是要“增加住房用地供应总量，优先安排保障性住房用地”。

总结一下，这次会议提出的政策思路是占城市总人口20%的困难人群可以享受保障性住房（以公租房、廉租房为主），另外80%的人群靠

商品房市场解决住房需求，但也不是说就让大家听天由命，“增加住房用地供应总量”这个政策可以有力地控制住房价上涨势头。卖菜的越来越多，菜价就不容易上涨，甚至会下跌，房价也是一样的道理。

同年11月9日召开的十八届三中全会提出加快房地产税立法并适时推进改革，房产税的征收增加了买房成本，将减少买第二套、第三套房的改善、投资需求。

11月22日国务院宣布建立全国不动产登记制度，这为房产税征收创造了技术条件，也将明显减少政府机关、国有企事业单位工作人员的房产投资行为——在“苍蝇”“老虎”纷纷落马的反腐势头下，吃公家饭的人“露富”实属非常不理智的行为。

总之，房产税和不动产登记将减少购房需求，这也有利于缓解房价快速上涨的势头。

2013年四季度，中国一线和二线核心城市北京、上海、广州、深圳、南京、杭州、沈阳、武汉、长沙、厦门、南昌、福州、西安进一步加强了楼市调控，遏制房价上涨势头。

各城市调控的基本思路主要分为以下四点：

图1-1　各地房产调控基本思路

个别城市还限制高价商品房入市，来看杭州的调控案例。11月26日，杭州市政府出台楼市调控“杭六条”，用市场和行政手段，从增加供应、减少需求两方面抑制房价上涨势头：

供应方面——加大中低价位住宅供应，限制高端住宅进场。

1. 加快保障性安居工程建设（保障低端居住需求，减少低端商品住宅的购买需求）；

2. 进一步加大中低价位住房用地供应，有关部门要加快审批手续，切实增加中低价位商品住房的供应（刚需住房市场竞争将更加激烈，价格上涨乏力）；

3. 根据年度房价控制目标，对申报价格明显过高的商品住房项目要从严控制（高端住宅供应将减少）。

需求方面——减少改善及投资需求。

1. 进一步提高第二套住房贷款的首付比例，首付提高到七成（这将减少二套房的购买）；

2. 充分应用房地产价格评估技术加强存量房交易税收征管工作（这将增加二手房交易整体成本，增加市场压力）；

3. 加大房地产市场整治力度，严厉查处限购措施执行中的违法违规行为（这将进一步减少投资需求）。

2013年12月初中央政治局会议提出“做好住房保障和楼市调控”，这与之前一二线城市的楼市政策是相互呼应的。通过保障房满足困难人群的需求，通过调控压制一二线城市的房价快速上涨势头，让普通居民的收入增幅能赶上房价涨幅。

12月10日至13日，中央经济工作会议对房地产问题又有新说法：

努力解决好住房问题，探索适合国情、符合发展阶段性特征的住房模式，加大廉租住房、公共租赁住房等保障性住房建设和供给，做好棚户区改造。特大城市要注重调整供地结构，提高住宅用地比例，提高土地容积率。

特大城市要“提高住宅用地比例，提高土地容积率”，这是通过增加住宅供应来缓解房价上涨压力。

2014年全国范围的房价下跌证明了以上措施是有效的。

房价的涨跌与住宅供求关系的变化有关，还与经济金融的大形势有关。

未来三年，国际经济整体将继续处于低速增长阶段，不可能突然间形势一片大好——欧美和金砖四国的经济调整和明显复苏都需要时间；预计中国将持续推行积极的财政政策和稳健的货币政策，GDP将保持7.5%左右的中速增长。

接下来三年，中国的经济金融形势不会有明显好转，而增加供应、控制需求的房地产政策持续实施，未来三年地产商们的日子将不太好过，楼盘降价促销、低价开盘将不断出现（比如2013年四季度，杭州市区商品房库存超过11万套，不少开发商压力很大，被迫实打实降价了）。三年之后（即2018年）中国改革见成效，居民收入跃上新台阶，根据房价随着收入上涨而上涨的普遍规律，到时房价可能会略有上调。

有意买房的朋友接下来三年可持续留意商品房降价促销和低价开盘的信息，大家有望买到物美价廉的心仪房产，实现住有所居的“中国梦”。

未来十年在哪里买房最安全

在哪里买房得好好研究2013年12月12日至13日召开的中央城镇化工作会议。会议的几个关键点是："有序推进农村转移人口市民化""全面放开建制镇和小城市落户限制，有序放开中等城市落户限制，合理确定大城市落户条件，严格控制特大城市人口规模"，明确提出了以城市群作为中国城镇化的主体形态。

这些政策对我们买房的指导意义是：未来中国房价最坚挺、最可能保值或增值的城市仍然是核心的一二线城市——中国人口的城镇化主要是靠城市群，而城市群是以一二线城市为核心的，一二线城市仍将汇聚每个城市群里最高端的经济、教育、文化、交通等资源，对资金和人口仍有最强的吸引力，源源不断的人口和资金流入将带来房价的上涨（当然了，上面已经说过，房价涨幅将明显放缓）。

据中原地产统计，2013年前11月，标杆房企在一线城市土地购入金额达905亿元，同比上涨119%，而在三四线城市仅购入147亿元。而CRIC提供的统计数据显示，2013年前11月，绿地、恒大、中海在一二线城市的拿地金额占比均超过90%。这说明中国顶级的房地产企业一致看好一二线城市房地产的发展前景。

本书下篇第一章是笔者对中国最有前景的一二线城市的介绍，大家可以从中挑选跟自己关系比较大的城市看一看。

城镇化政策的第二个意义是，如果因为一二线城市房价太高，只能在三四线城市买房，那么，你最好选择在城市群里选择紧挨核心城市的三四线城市买房，因为这样的城市最可能享受到核心城市的经济辐射力，发展前景相对有保障。离核心城市越远，与核心城市经济生活一体化的可能性越小。

另外，在三四线城市买房要注意尽量靠近市中心，这样商业、教育、医疗、交通等配套比较有保障。现在很多三四线城市都在开发新城区，但成功开发新城区需要大量的资金投入、需要很多企业和商家的进驻、需要很多人口愿意在这里买房生活，任何一个环节缺失都会导致新城区开发的失败，因此在三四线城市的新城区买房需要慎重考虑。

在中国的很多三四线城市，当地很多家庭都有2套以上的住房，有的家庭有3套甚至5套，而没有住房的家庭几乎没有。在这样的情况下，一个城市往往还有几十个楼盘在兴建，等待入市。

那么还有这么多人需要新建商品房吗？或许前景并没有那么乐观。一方面推进城镇化（例如2014年放松户籍限制的新政）会增加三四线城市的人口，另一方面三四线城市已有的人口又会向一二线城市迁移；再加上保障房建设减少了三四线城市对商品房的需求，政府又在继续出让住宅用地增加供应。因此，三四线城市新商品房供应过剩的局面未必能得到有效化解。

总之，在三四线城市选择好地段买房，是规避未来房价下跌的必要措施。

解读2014年中国楼市的价格下跌

2014年3月召开了全国两会，政府工作报告中写道："把投资作为稳定经济增长的关键。"而最重要的投资就是基础设施建设投资和房地产投资，因此，政府不可能希望房地产崩盘。房地产崩盘了，中国的债务危机和产能过剩危机将马上爆发，随后爆发的将是就业危机。因此，李克强总理在3月13日的记者会上表示，将"促进房地产市场平稳健康发展"。

2014年两会期间，住建部副部长齐骥表示，将对不同城市进行分类指导，一线城市要继续增加供应，抑制、遏制投资投机性需求，限购政策不退出。而对于库存量比较大的城市，要控制供地结构、供应结构。

至此，未来楼市的基本政策趋势已经很明朗了——政府希望房价相对平稳。

但巨大的库存压力让房价普遍出现下跌。杭州的部分楼盘从25 000元，调到了20 000元以下。在成都，雅居、九龙仓等大开发商也对旗下楼盘直降5 000元/米^2，加速消化库存。

易居研究院的报告显示，截至2014年5月底，监测的35个城市新建商品住宅库存总量为25 570万平方米，环比增长2.7%，同比增长20.1%，消化周期超过16个月，库存再创历史新高。其中温州、济宁、西安、福州、常州、杭州、沈阳、青岛等15个城市存销比已超过20个月，楼盘降价此起彼伏。

国家统计局公布的2014年6月份70大中城市房价数据显示，与上月相比，全国70个大中城市中，价格下降的城市有55个，持平的有7个，上涨的有8个。

不仅房价下降，销量也在下滑。为了稳住楼市，二三线城市纷纷或明或暗取消限购。“五一”前夕南宁、天津等地放松限购，呼和浩特、济南直接发文取消限购。住建部对此的态度是默许。

中信证券的研究报告显示，对南宁、宁波、天津等13个城市房价进行研究，限购执行变化后两周的平均销售面积，比变化前两周平均增长22.5%；政策变化后三周的平均销售面积比变化前三周平均增长了39%；限购执行变化后四周平均销售面积，比执行变化前四周平均增长了20.5%。

以杭州为例，7月底杭州放松限购后，8月杭州八区住宅成交8256套，比7月份上涨60%。8月份杭州八区成交量前十的楼盘中，80%为降价楼盘或低价开盘的楼盘，剩余两个也是总价比较低的刚需楼盘。

房地产还有一个重大利好，2014年7月，国务院召开会议，推出政策组合拳，解决企业融资难、融资贵的问题，重大举措是缩短企业融资链条，清理不必要的环节，整治层层加价行为，存量规模将近10万亿元的银行理财产品，利率将下降两三个百分点，房地产行业将减少利息支出一千亿元左右，对于缓解房地产企业的资金压力将起到重大作用。这表明了决策层稳住房地产形势的意图。

总的来说，房地产不会崩盘，但接下来三年房地产肯定要降低库存，这个过程中会有很多楼盘降价，是国人买房子的好时机——上述杭州2014年8月的楼市是典型的案例。

大家在一二线城市买房，主要机会在于留意部分楼盘面临供应过剩压力以及回款压力下的降价行为，而不是等着所有楼盘都卖跳楼价。而在三四线城市买房，需要担心的是供应过剩，买到手的房子贬值，因此要尽量买离市中心近一点的房子——接下来几年很多三四线城市会有打折促销的楼盘，大家要在几个楼盘中选择靠近市中心的打折楼盘。

上　篇

买房本质是买地

我们买房即便不指望长期升值带来收益，至少也不希望房价长期下跌带来损失。这就需要看清决定房价涨跌的根本因素是什么，而这就是买房要学的第一课。

第一章　我们买的不是房子，是城市

房价涨跌之谜，读懂两则新闻就明白了

不论是买房自住还是买房抵御通胀、保值增值，我们都希望自己买到的是将来会涨价的房产，那么，究竟什么样的房子会升值呢？

2013年3月，北京五道口冒出一套10万元1平方米的二手房，惊呆了一堆小伙伴。有网友哀叹：五道口才是北京的核心、宇宙的中心，这下死了在北京买房的心了。

而就在同一个月份，美国底特律一些房子的售价低得让人叹为观止，甚至出现了房产仅售1美元的情况，还有十多处房产的售价低于100美元。

深入解读这两则新闻，就能掌握房产投资的核心原则：人与资金不断聚集的城市，房价将在长期内上涨；人与资金撤离的城市，房价就面临下跌的风险。

人增加了，买房需求就增加，有的人买房是为了自住，有的人买了房专门出租。钱聚集了，一次性付款或贷款购房的能力也有了。有购房需求，也有购房能力，房地产市场自然红红火火。如果人和资金撤离，房产市场自然也就冰天雪地了。

具体来看一下北京和底特律的“人数”与“钱数”。

截至2010年11月1日，北京市常住人口为1 961.2万人，同2000年第

五次全国人口普查相比，十年共增加604.3万人，平均每年增加60.4万人。2012年北京市常住人口（包括户籍人口及在京居住6个月以上的暂住人口）已达2 069.3万人。

至于资金向北京聚集自然不用多说：奥运场馆、地铁、高铁建设前赴后继；银行总部、证券公司、保险公司、大型央企、世界500强扎堆齐聚北京；根据《2012胡润财富报告》，北京还有中国最多的千万富豪（17.9万人）和亿万富豪（1.05万人）。

北京人财两旺，房价上涨自然底气十足。笔者曾经在新闻中的五道口华清嘉园里上过一年班，周边交通便利，商业繁荣，离清华北大和中关村不远，属于北京城的黄金地段，又有优质学区，房价高涨是大概率事件。

而底特律的情况正好相反。底特律曾是美国第五大城市，美国汽车工业中心，拥有180万人口，有“美国的巴黎”之称。日本汽车的崛起让底特律经济走向萎缩，2008年爆发的金融危机更是给了“汽车城”底特律致命一击。如今，这座城市仅剩70万人，不仅政府财政濒临破产，还拥有高犯罪率与失业率，被《福布斯》杂志评为2012年美国最悲惨城市。到2013年底，底特律终于正式宣布破产了。

底特律的人口减少意味着消费萎缩，娱乐业、商业和服务业企业大量倒闭。而企业倒闭增加的失业人口意味着他们创造消费的能力进一步降低。企业倒闭也会减少政府税收，政府在税收减少的情况下对公共设施的维护力度就会减弱，这又进一步削弱城市的吸引力。

底特律缺人又缺钱，房价自然就撑不起来了。

所以，我们买房子，首先买的是这个城市，城市有发展前景，房产才有升值的“钱”景。

全球77个金融中心，除了德国的法兰克福的房价不涨，所有金融中心的房价都是高涨。这对于我们买房有重大参考意义。

富裕的温州房价大跌，这是什么情况？

富甲天下的温州房价竟然大跌了——与2009年、2010年的最高位时相比，2012年温州房价跌了30%~40%，2013年全年温州房价下跌仍在持续。以温州的豪宅项目鹿城广场为例，2011年二手房转让价格最高可达8万元/米^2，现在已降至4万~5万元/米^2。

不是说有人有钱房价就能涨吗？温州怎么会摊上这样的大事儿？如果你想买房升值，这个事儿最好想明白。

与2000年相比，2010年温州城镇常住人口增加了213万人。与此相对应的是，2006~2011年，温州市区商品房销售均价从8 045元/米^{2}一路上涨到34 674元/米^2，6年中上涨4.2倍。

2012年温州房价大跌源于经济不景气因素的集中爆发。

温州的GDP增速在浙江处于垫底水平，经济总量被绍兴超越。2012年GDP为3 650亿元，2013年能保持住这个规模就不错了，也就是说它的经济总量是零增长。2011年初民间借贷危机爆发后，金融环境至今未能改善，企业融资困难，民间融资不时出现险情。温州的产业转型升级口号喊了超过五年，目前低端制造业仍是支柱产业，未能出现新增长点。

与此同时，温州还不断被“挖角”，各地开出优惠条件大举招商导致企业、资金外流。外地从省级政府到县级政府都派人常驻温州招商，机构超过100个，不仅设在温州市，还深入县、市。

出口受阻使得企业家收入下滑，企业纷纷往外地投资，民间信贷网络遭到毁灭性打击，经济不景气也使得银行谨慎发放贷款，这些因素都导致进入温州房地产市场的资金下降，“缺钱”导致了温州房产的高价格得不到支撑。

看来，温州房价问题并不神奇，还是缺钱给闹的！所以，我们买房要仔细分析哪个城市的钱是不断流入的，哪个城市的资金面是不足以推高房价的。在一个资金不断流出的城市买房，房子贬值的风险就会比较大。

一二线核心城市的房价和房租为何上涨？

2013年4月，央视披露的统计数据显示，一季度北京单套房平均租金价格已经攀升至3 660元，较2008年的单套租金2 010元上涨82%，5年间涨幅近乎一倍。

房租为何会疯涨？新增住宅供应不足、外来人口大量涌入以及CPI不断上升是推高房租的三大核心因素。

每年北京新增商品住宅为8万套，新增政府保障性住房不足10万套，累积起来也就是每年18万套的新增住宅。而北京每年新增外来人口至少60万，还有北京本地大量拆迁户也需要租房，供不应求就导致了房租飞涨。中原地产市场研究部提供的数据表明，2013年3月份北京住宅租赁市场供需比达到了1：7.6。

新房供应不足源于土地供应不足。由于过去房地产调控的影响，地方政府推地的积极性是很弱的。上海连续四年土地供应不足，广州和深圳连续五年土地供应不足。北京也是如此，2012年北京共出让土地163宗，其中，住宅土地仅成交37宗，同比下降34.5%。由于供地不足，常有开发商抱怨拿不到地或者地价高得离谱。

住房供应量不足是北京等一线城市房价上涨的大背景。2008年北京市商品住宅期房成交均价为1.28万元/米^2，而2013年一季度商品住宅成交均价约为2.2万元/米^2，上涨幅度为71.87%。持续的限购也没有改变广州房价飞速上升的态势，2013年7月商品房均价高达每平方米18 569元，比2009年7月的9 591元几乎上涨了一倍。

有人会问，像北京这样的大城市很多人有好几套房子，他们把房子拿出来卖供应量不就上来了吗？但问题是很多人只想出租不愿出售。这一方面是因为感觉今后房价还会涨，房子留在手里还有利可图；另一方面也缺乏很好的投资渠道，房子留在手里租出去是稳定的投资收益。

持续的人口流入带来超大规模的租房和购房需求，持续推高房租和房价，这是核心一二线城市拥有最佳房地产市场的根本理由。

未来中国最靠谱的养老方式：用一二线城市的房产养老

买房和养老是中国人的两大核心生存问题。其实如果买房问题处理得好，养老问题也能得到解决。

中国的社保分为统筹账户与个人账户。统筹账户的钱是用来给现在退休的人发养老金的，个人账户的钱是你自己的，就是自己给自己存养老钱，这笔钱可以通过运作产生收益。现实情况是，统筹账户的钱不够用，社保就把你自己个人账户的钱挪用给发养老金了。近两年流行的词汇“个人账户空账”，就是账面上你的个人账户是有钱的，实际上是没钱的、空的，钱被挪用了。

2012年12月17日，中国社科院发布报告统计，2011年养老金收不抵支的省份有14个，收支缺口达到767亿元，高于2010年。2011年记账额达到24 859亿元，空账额达22 156亿元。个人账户空账额继2007年突破万亿大关后，再次突破2万亿元。

目前的养老一族用的是未来一族养老的钱。随着中国老年人口增加（到2013年底，中国老年人口总数已超过2亿，预计到2025年，老年人口总数将超过3亿，2033年超过4亿，平均每年增加1 000万老年人口），而个人账户空账额度还在继续增加。

养老金出现空账，那么我们能靠子女养老吗？

第六次全国人口普查数据表明，我国0~14岁人口为2.2亿，约占全国人口的16.6%。根据人口学统计标准，一个社会0~14岁人口占比15%~18%为“严重少子化”，15%以内为“超少子化”。很多专家断言，我国已经进入“少子化”阶段。孩子越来越少也明显体现在学校数量的减少上。20年前，北京有6 000所学校，现在只剩3 000所，平均每年关200所。

由于计划生育政策的限制以及孩子的养育成本越来越高，现在一对夫妻普遍只生一个孩子，靠一个孩子赡养两个老人是会把孩子的生活给压垮的。放大了说，两亿80后不能依赖1亿子女来赡养。

十八届三中全会放开单独二胎，人口学者、《大国空巢》作者易富贤计算，这个政策每年增加的出生人口约在200万人。这对于靠下一代养老的帮助还是不够大。

如果养老金和孩子们不能保障我们未来的晚年生活，那么我们就要另寻出路，房产是重要考虑方向。

2013年三季度比较热闹的一则新闻是政府鼓励“以房养老”，具体做法是进行“倒按揭”，即房屋产权拥有者把自有产权的房子抵押给银行、保险公司等金融机构，金融机构在综合评估借款人年龄、生命期望值、房产现在价格等因素后，每月给房主一笔固定的养老金，房主或者继续居住，或者租住其他更低廉的老年公寓。

“倒按揭”有很多问题，比如万一房价下跌，金融机构面临亏本风险；又如房子70年产权到期后有被收回或者中途被拆迁的风险。

对于养老个人来说，“倒按揭”的收益不如出租房子。按此前媒体披露目前银行试点房产“倒按揭”的抵押比例和利率，百万元的房产每个月到手的金额甚微，出租获取的回报可能更高于“倒按揭”，且房子产权依然在手，未来可传给子女。

“胶东在线”2013年9月报道了已经成功实践的“以房养老”模式：

烟台许多老人都有自己的以房养老模式。有些老人将市区的大房卖掉，到房价尚低的牟平买小房，用差价打造自己的幸福；也有老年人靠房租打造以房养老的晚年生活。家住烟台市区白石村的王老太太今年70多岁了，房子在她的名下。女儿赵小姐说：“老太太愿意去养老院，因为有伴儿，自己在家太孤单。原来住的房子现在租出去了，房租用来付住养老院的钱已经足够了，根本就不用我们掏，我们要做的就是平时没事儿的时候多去看看她老人。”

烟台的这两种模式对我们是有重要启发意义的。如果我们在核心的一二线城市买房，房价保值或增值的能力最强，到年老时可以卖掉房子，去环境优美、生活成本低的小城市买房住，剩下的钱可以弥补政府下发养老金的不足。或者可以把房子出租，去养老院过有同龄人聊天、有护工照顾的生活——租金最高、出租率最高的城市显然依然是一二线城市，而中小城市则几十年后很多外来人口不多，房子却不少，因此房子未必租得出去。

因此，“以房养老”最有可能会在一二线城市实现。

跟着顶级地产商回一二线城市买房

房地产市场跌宕起伏二十余年，区域市场的趋势渐渐明朗了。从2012年中国大型房地产企业不约而同在一些城市买地的行动中，我们可以看出这个趋势。

2012年，中国十大房企拿地选择逐渐重新回归一二线城市，在一线城市以及重点二线城市的拿地投入呈现明显增长，其中以往年坚持三四线城市为主的恒大、万科等企业增幅最大。

中原地产研究部统计数据显示，2012年9月北京土地出让金高达257.37亿元，超过了前8月的总和。国庆后一周时间，上海土地市场成功出让5宗土地，出让金总额达到115.6亿元，相当于9月全月出让金的1.3倍。除在上海、北京，品牌房企拿地的身影还屡次出现在广州、南京、杭州等一二线城市。一二线城市拿地占到标杆房企拿地总量的80%以上。

再以被业内视为准一线城市的杭州为例，根据高力国际发布的报告，仅在2012年第四季度，主城区成交的38宗地块中就有45%以超过20%的溢价率成交。尽管杭州国土局下发政策，对溢价率超过49%的商品住宅地块以配建保障房的方式调整竞价方式，大型房企依然迎难而上，万科、中海、嘉里置业以及绿地等大型房地产开发商均拿下多宗地块。

那么，以高价在一二线城市拿下这么多土地危险吗？

中国房产信息集团（CRIC）发布中国城市房地产市场风险排行榜，排名前50位的全部为三、四线城市，主要集中在西北、西南、华北、东北地区，此中46个城市位于内陆地区。排名第一的是酒泉，第二为呼伦贝尔，备受关注的鄂尔多斯名列第六，其土地消化周期长达9.71年，供求比高达3.88，市场严重供过于求。

CRIC报告测评的287个城市中，房地产风险最低的分别是深圳、北京和上海，广州、杭州、南京等重点一二线城市的风险也较低。

由此可见，十大房企在三四线城市减少拿地或彻底退出，而大量增加在高地价的一二线城市拿地，实际上是寻找相对安全的市场。

2013年，大型房地产在一线城市抢地的行动仍在持续，截至2013年11月底，北京、上海、广州和深圳四大一线城市土地出让金收入总额为4 720.38亿元，2012年同期则为1 675.55亿元，同比暴涨181.72%，创历史最高纪录。

我们买房如果看重未来房产升值的话，就学习十大房企好榜样吧！它们去一二线城市买地，我们去一二线城市买房。

中国的一二线城市主要分布在东部。来看中国宏观经济学会秘书长王建的分析：

在西南这几省中，平原面积最少的是贵州，只占全省面积不到4%。人均平原面积全国是800多平方米，贵州只有300多平方米。贵州地无三尺平，大面积地建设适合大型人口居住和市场集中的城市明显不行。至于西北，虽然地域平坦辽阔，但是没有水，人口也少。由于西南、西北都不太适合进行大规模的工业化和城市化的建设，所以区域经济差距是越拉越大。中国的平原面积仅占国土面积的12%，其中

90%集中在沿海。所以中国的城市化一定是依托沿海的平原展开的。

中西部房地产投资也不是没有机会。长江中游、成渝、中原、关中等城市群也正在发展壮大。

以四川省会成都为例。2012年，华西城市与房产研究院联合成都透明房产网联合推出《全川购房力调查报告》，显示四川二级城市购房者买走成都六成房子，成都作为四川的唯一中心城市，房地产市场得到全省购买力的支持。

2000年第五次全国人口普查，成都城镇常住人口为606万人，十年后的第六次全国人口普查，成都城镇常住人口为921万人，年均增加人口为31.5万人。以人均需要25平方米住房计算，城市化进程使得年均住房需求近800万平方米。

2012年，成都主城区商品房住宅供应面积858.7万平方米，成交面积848.25万平方米，同比上升35%，新增需求和销售面积基本契合。购买面积70~90平方米占比46.6%，刚需住房比重很大，说明成都住宅市场基础扎实，风险不大。

笔者发现中国买房有个“黄金十字架”，十字架的横轴是长江沿岸的核心城市，纵轴是京广高铁沿线的核心城市。中国大部分最有房产升值潜力的城市就在这个十字架上。

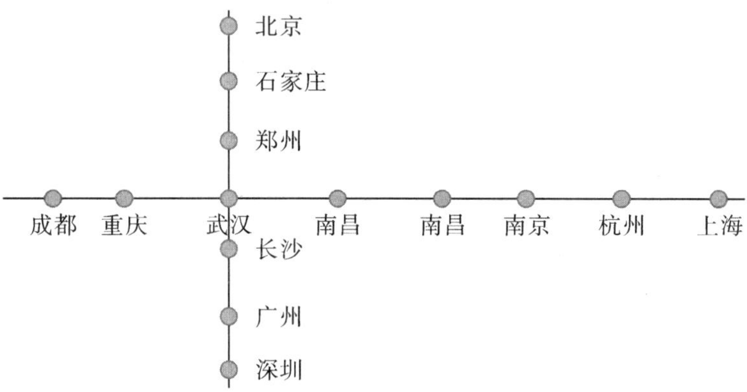

图2-1　中国买房“黄金十字架”地图

其中北京南边的河北省会石家庄由于省内还有唐山和邯郸两个大城市可以与之竞争，会分流掉部分房产购买力，升值潜力稍弱一些，北京北边的辽宁省会沈阳的房产升值潜力更好一些。因为沈阳旁边环绕的都是中小城市，人口会倾向于向沈阳集中，这种情况与武汉、成都类似。

第二章　中国房价迎来转折点

从恒大买地变化看清房价上涨真相

曾在1999年获得诺贝尔经济学奖的罗伯特·蒙代尔认为，房地产市场的价格变化同样也需要遵循经济学的规律，而经济学规律本质上来说就是供求关系。如果供应增多的话，房屋的价格自然就会下降；而供应减少的话，房价自然就会上涨。

2012年底经济学家清议就根据供求规律预测2013年中国房价将上涨："来自国统局的数据，今年1~11月累计，商品房销售面积9.17亿平方米，而竣工面积仅6.77亿平方米。前者是后者的1.35倍，创历史新高。鉴于今年楼市的供不应求状况将比以往任何一年都严重，明年的房价上涨当然是可以预期的。"2013年中国房价确实是明显上涨了。

我们想要买房升值的话，就要尊重供求规律，选准供求比例有利于房产升值的城市再买房。

2013年70个大中城市中同比价格上涨较多的，主要集中在一线城市和少数二三线城市，大部分城市房价同比涨幅总体平稳。例如10月份北京新建商品住宅价格同比上涨21.2%；而三四线城市安庆同比上涨5.5%，大理上涨4.9%。

在核心城市赚钱效率高，这从恒大、万科、保利、中海这些顶级开发商的比较中也能看出来。

《南方都市报》记者统计中国前20家最大的开发商进军的城市，其中，恒大地产以122个城市成为中国进驻城市数量最多的开发商，从东北到海南，从广东到兰州，恒大已经实现了全国性的布局，且一二三线城市全部进入。数据显示，除了4个一线城市外，恒大在二三线城市的布局分别为1：1。

多年的市场老大万科，截止到2012年年底只进入了54个城市，不到中国地级市总数的1/6，而已经跨过千亿门槛的保利，到目前为止也仅有44个城市。而多年来一直以高品质、高利润著称，且销售额和销售金额始终位列第一集团军之列的中海地产，目前为止仅在28个城市有项目。

而在已开发、开发中和待建项目数量上，万科以320个项目遥遥领先，恒大以229个项目位列其后，保利则以218个项目位列第三，中海以122个项目列第四。万科、保利、中海的策略都是在少量大城市大量开发楼盘获取大规模销售额与利润。

在这几个开发商中，恒大进入的城市最多，但销售额和利润都是排名倒数第一的，它进入的三四线城市太多了，这些城市相对企业的总贡献比较弱。

2013年6月份以来，恒大改变策略，把资金投入到一线城市的土地市场上，恒大在北上广半年时间就斩获9宗土地，购地总额达217.95亿元。恒大这么做自然是有充分理由的。

截至2013年9月16日，包括北京在内的20个典型城市，商品住宅库存量为7 483万平方米。其中4个一线城市库存量为2 641万平方米，相比8月末，下滑了0.7%，而10个三线城市库存量为2 192万平方米，相比8月末上涨了0.6%。一线城市库存量呈现了环比与同比双双下降的态势，但三四线城市的库存仍然高企。如果开发商在很多个供大于求的三四线城市卖房子，想赚大钱自然不容易。

2012年以来，众多龙头企业逐步将业务中心回归到一二线城市，使得北上广深等城市地王频出，尤其是恒大、佳兆业这种习惯开发郊区大盘的房企，进军一线市场的决心更为坚定。

中国已经出现两种楼市

为什么中国的房价涨幅出现明显分化呢?

中国的城市是分等级的，直辖市、省级城市和副省级城市集中了最好的经济资源（如大公司）、金融机构、交通资源、教育资源、医疗资源、文化资源。资源质量越好，想得到这些资源的人就越多。那究竟谁能享受到这些资源呢? 能在高等级城市买房子的人，就能享受到这些优质资源。于是对高等级城市资源的争抢，演变成对高等级城市房产的争抢。

大规模的人群争抢有限的房产，这就导致高等级城市房价的一路大涨。大家都想在高等级城市买房，强劲的需求诱使开发商去高等级城市抢地，于是地价节节上升。

2013年9月4日，融创地产创造了让中国地产界震惊的记录。经过69轮竞拍，融创以21亿元加上27.8万平方米异地医院楼建设费拿下北京农展馆地块，剔除配建的医院面积后，楼面价高达7.3万元/米^2，创造了北京乃至全国的楼面单价记录，成为新地王。

随后的9月5日，被称为中国土地市场的“地王日”：上午上海徐家汇中心地块被新鸿基以217.7亿元竞得，成为2013年的“全国总价地王”；而下午，除华家池以总价136.7亿元创下杭州总价地王外，苏州金鸡湖地块也由世茂股份以15 150元/米^{2}的单价创下“楼面单价地王”。

一二线城市地价房价上涨，但中国三四线城市的楼市的表现就比较惨淡。

就在融创创造中国单价地王的前一天，人民日报发表了文章《多地新城遭业主抛弃成为空城，房地产泡沫蔓延》：

在东部一省份的某县，记者了解到，新城5平方公里的建成区内，居住人口仅三四万；建成5年的住宅区，入住率不到三成；建成8年的商业街上，店铺大门紧闭。一位干部告诉记者，去年该县成立了新城繁荣办公室，“就为了解决人气问题”。

空置率高的同时，还有很多业主准备抛弃新城。在某海滨小镇，地产中介小徐告诉记者，小镇海景地产过度开发，房价上涨十分缓慢。这两年，不少炒房客大量甩房；而一些购置住宅用于养老、度假的业主，也因配套设施不齐全选择抛房。

记者的感性印象也可以与专业研究机构的研究成果相互印证。

房地产咨询机构克尔瑞2012年10月发布“中国城市房地产市场风险排行榜”，在测评的287个城市中中，风险排名倒数前三的分别是房价最高的深圳、北京和上海，广州、杭州、南京等重点一二线城市的风险也较低。市场风险排名前50位城市，均为三四线城市。排名第一的是酒泉，第二为呼伦贝尔，备受关注的鄂尔多斯排名第六，拉萨、泰安、保定、沧州等城市化水平较低、经济实力较弱、供应明显大于需求的三线城市以及41个四线城市，位列风险榜单前50。

根据研究报告的数据，包括唐山、扬州、中山、芜湖、连云港等大量三四线城市在过去几年土地供给极度膨胀，与2011年以来的商品房实际消化速度形成巨大差距。

中国三四线城市的惨淡行情还可以通过开发商的业绩看出来。

据内地139家上市房企的2013年半年报统计，上半年，华润、龙湖等房企的利润率因布局三四线城市而快速下滑，行业的整体毛利率下降至调控以来的最低水平。报告指出，毛利率下降揭示了目前全国房地产业的真实行情：三四线行情遇冷，整体市场情况依然较差。

温州是典型案例：2010年11月，经过33轮“拼杀”，温州单价地王诞生，地块楼面价达3.7万元，当时业内预计，未来房价在7万元以上。但现实是残酷的，从2011年温州正式限购开始，温州房地产市场明显降温，房价连续24个月环比下降，一些高端楼盘的价格，甚至下跌过半，此盘当前售价仅为3.5万元。

今后没有统一的楼市，做判断的时候已经不适合说“中国楼市如何如何”，今后只能说“一二线城市楼市是如何”“三四线城市又是如何”。

中国城市大分化

你买的房子有没有升值潜力，首先要看房子所在城市有没有升值潜力。

目前中国各级城市大兴土木、大造新城，这实际上是展开了一场人口争夺战，只有能吸引到足够人口的大城市的新城区未来才不会被淘汰。

2013年8月，国家发改委城市和小城镇改革发展中心对12个省区的最新调查显示，12个省会城市全部提出要推进新城新区建设，共规划建设了55个新城新区，其中东北的一个城市要建设13个新城新区，中部的一个中心城市也规划了11个新城新区。在144个地级城市中，有133个提出要建设新城新区，占92.4%，平均每个地级市提出建设1.5个新城新区。在调查的161个县级城市中，提出新城新区建设的有67个，占41.6%。

在调查的城市中，有很多新城的规划面积达到了现有城市面积的一半多（占地几十、上百平方公里），规划的新城新区人口基本相当于现有城市人口，城市人口凭空增加一倍有这么容易实现吗?

不少地方新城新区建设都提出了较高的建设标准，生态城、智慧城、科技城、现代城等比比皆是，建设配置标准大多是国内和国际领先标准。这么高的建设标准，大量的资金和入驻企业从哪里来？新城区最终变成荒地和“鬼城”已经是屡见不鲜的新闻了。

在这么多的城市和新城区中谁能胜出？“马太效应”在这里是适

用的，“强者越强，弱者越弱”，有“先发”优势的大城市在竞争中会越来越繁荣，而其他一般的城市则会在激烈竞争中逐渐失去优势。

中国已有660多个城市，其中有374个县级市，辖区平均人口为15万，还有287个地级以上城市，平均辖区人口125万人，这其中的120个较大城市所创造的GDP总和占全国GDP总量的75%（世界银行数据，2007年），由此可见中国的经济活动主要是在较大城市进行的。

小城镇聚集的人口太少难以发挥城市聚集效应，产业无法大规模地调整，高效的服务业也难以形成，从而使得它吸纳劳动力和创造新岗位的能力远不及大规模的城市。因此中国的120个较大城市是未来数十年的经济支柱，也是房地产业的主战场。

城市化进程中的财富创造和积累是非均衡的，这120个较大城市中也有强弱之分。2007年底，中国前十大城市的GDP占全国总值的比重为21.4%，人口占全国人口的比重为9%，而同期美国的这两个数字分别是28.3%和32%。相对于美国这样一个人口密度较低的国家，中国未来发展巨型城市的空间还很大。

围绕这些大城市会形成大都市圈。20世纪50年代，法国地理学家简·戈特曼首次提出都市圈的概念，他把都市圈的标准界定为：人口积聚2 500万人以上的城市群，每平方公里的人口密度达到250人以上。20世纪90年代初，有人按照这个标准划出六大都市圈——大纽约区、五大湖区、大东京区、大巴黎区、大伦敦区和中国的长三角经济区。在过去近20年间，融入都市圈的城市群又增加了5个：美国的大洛杉矶，中国的大珠三角、大北京，韩国的大首尔和印度的大孟买。时至今日，11个都市圈所承载的国内生产总值（GDP）已超过全球经济的1/3。

中国的三大都市圈对中国的人口、资金有着最强的吸引力。

从人口流动来看，北京、上海和深圳这三大中心城市的流动人口和户籍人口的比例分别为0.58∶1、0.65∶1、3∶1，由此可见，流动人口作为生产和消费的主体，对城市生产密度、消费密度的提升起到了至关重要的推动作用，也构成城市繁荣的基础推动力。

根据北京市统计局、国家统计局北京调查总队发布的数据，截止2012年末，北京市常住人口2069.3万人，比上年末增加50.7万人。其中，在京居住半年以上的外来人口773.8万人，增加31.6万人。整个十一五期间，北京常住人口每年增长5%，五年增长27.6%左右，这是个极为惊人的数据。

从资金流动来看，过去20多年，长三角和珠三角的FDI（国际直接投资）一直占据绝对权重，最高时期曾吸引了全国80%的外资流入；从城市层面看，北京、上海和深圳是三个FDI流入最多的地方，最高时，三者合计占比曾突破20%。

海量的人口和资金涌入为一线城市房价与房租上涨提供了坚实的支撑。

2009年12月，《福布斯》发布全球租金最贵城市排行榜，按照调查数据，计算租用两居室的年房租价钱得出，东京、香港和北京分列前三位，上海居第五，其他分别是孟买、新加坡、首尔、悉尼、雅加达、胡志明市。

北京的生活成本这么高，空气质量又不好，但人们为什么不尽快离开北京反而不断涌入北京呢？

经济学家金岩石的理解是："因为北京有财富和机会，还有文化和梦想，别说是雾霾，就是炸弹也毁不掉京城之恋。韩国首都首尔及周边地区集聚了近60%的人口，承载近70%的经济总量，在南北韩军事紧张之时，韩国总理提出迁都方案以避开朝鲜常规武器的'第一次打击'。公民投票结果否决了迁都议案，韩国总理辞职时无奈地说：'人这个动物啊，要钱不要命！'""以空气中的负氧离子含量计算，一个人在海南三亚的山上喘一口气，相当于在北京市中心喘三百口气。但尽管如此，多数在三亚度假的北京人也只会度假数日后匆匆赶回北京，在污浊的空气中为财富和梦想而拼搏。"

北京聚集了太多的权力资源与市场资源，做金融等高端服务的要到北京，金岩石这样解释道，这里有资金与客户；做娱乐的要到北京寻找一夜成名的机会；每年毕业的大学生也绝大部分留在当地。

前几年有个流行口号“逃离北上广”，北京、上海、广州的生存压力使得很多人不得不回到居住地的中小城镇。但后来人们发现，这些地方的融入门槛并不比大城市低，部分人在几年后不得不重返北上广。

据“我爱我家”的数据显示，2011年和2012年，北京市新增租赁客户同比涨幅为64%、34%。北京宣武门附近一套110平方米的三居室，2013年年初租金为8000元，本年7月份房东报价普遍飙涨到1.1万元，半年间涨了近三成。

核心大城市的繁荣是有保障的，那么中小城市的前景如何呢？核心城市的新增人口是从中小城市迁移过来的，中小城市人口的减少意味着其发展前景并不乐观。

来看经济学家谢国忠的分析：“所谓城市群，就是几座城市的联合体，这并不能扭转空城景象。以日本为例，新干线的建成联通了东京和一些小城市，却没有如想象中带动小城市的发展，更多的年轻人离开家乡，来到了东京。由此可见，城镇化未必能推动中小城市经济的发展，反而可能加速其衰落的进程。”

城市分化的大趋势对于希望买房保值或升值的人们来说，是必须认真对待的重大因素。

支撑房价的是生产力

中原地产创始人施永青认为，决定房价水平的根本因素是生产力水平，地产是搭经济的顺风车。当然这与支撑房价的是人口与资金的持续涌入并不矛盾，生产力高的城市会吸引人口和资金，人口和资金持续涌入也会带来生产力的快速提高，两者是辩证统一的。

对于房地产来说，生产力的核心指标是单位土地GDP，用较小的土地创造极高的GDP，土地价值就会很高，依托于土地的房价也就很高。典型例子是深圳，深圳的面积仅1 953平方公里，但GDP超过了世界上很多国家，例如33万平方公里的越南，这样富可敌国的城市房价自然不会低。

经济学家巴曙松分析说："如果用单位土地GDP和人均GDP作为参考标准将中国的城市进行划分，可以发现，经济密度最高、最为富裕的城市集中于长三角、珠三角、京津唐等区域性增长中心，且数量有限。尽管克拉玛依、鄂尔多斯这几个城市的人均GDP很高，但是单位土地GDP却在极低水平，这种反差意味着这些城市的繁荣和城市化、经济密度的提升没有关系，它们主要是依赖自身的自然资源，类似繁荣难以持续。"

土地是财富之母，只有这块地越来越值钱，这块地上面的房子才会越来越值钱。这就是买房升值的核心原理。

中国这些年来房价大涨，超过了世界水平，那么中国的生产力水平在世界范围内属于什么水平呢？

曾任英国伦敦经济与商业政策署署长的罗思义在文章《未来十年，中国正赢得全球工业竞赛》中做了如下比较分析：

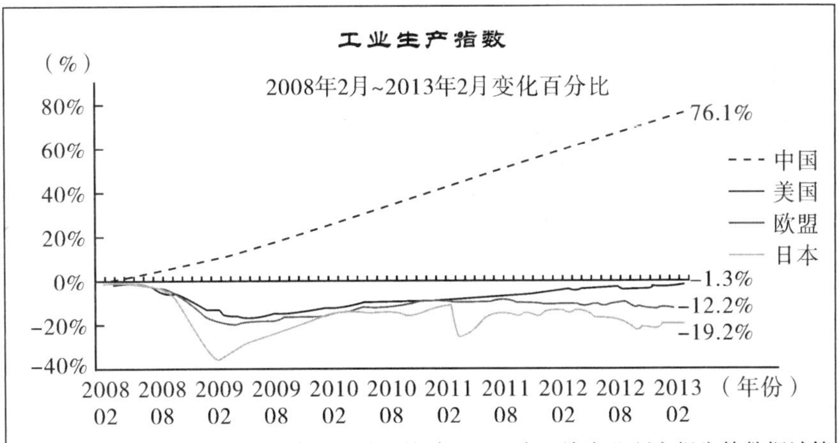

来源：依据美联储、贸易经济网、欧盟统计局、日本经济产业研究报告等数据计算

图2-2　过去五年世界四个主要工业中心工业总产值变化趋势

由于仅比较一年度的数据容易掩盖基本趋势，前页这张图展示了过去五年全世界四个主要工业中心（中国、美国、欧盟与日本）的工业总产值变化趋势：

当美国的工业生产停滞不前，欧盟和日本的工业生产大幅萎缩时，中国却能保持工业生产连续三个季度的强劲增长。这显示中国正在这一激烈竞争的领域取得决定性胜利。可见某些中国评论员所声称的，美国工业强劲复苏而中国正在落后的结论是完全站不住脚的。

中国宏观经济学会秘书长王建也用生产力这一分析思路剖析了中国的房价上升：

中国城市的房价很高吗？东京的银座最高的时候，50万美元1平方米。在我们这样人均土地资源极为有限的国家，什么是地价上升的动力？就是在有限的资源、有限的土地面积上，不断地摞上去GDP。我们的土地规模难以扩大，但是GDP还要继续增长。我们现在人均3 000美元，发达国家50 000美元，而且我们的人口还有将近1.7亿人口没有生出来，高峰要到15亿人。如果把这些增长潜力都算上，还会增加多少GDP？这些GDP要摞在有限的土地上，地价房价肯定要上涨。2004年我在南京大学演讲的时候，就说未来10年中国房价要涨3倍，大城市房价要涨5倍，当时网上把我骂得一塌糊涂，说我是房地产的托。结果怎么样，当时北京三环以里房价1平方米才5 000元人民币，现在四环以里是3万元，不到10年涨了五六倍。

我们来看生产力带动房价上涨的一个具体例子。

2008年8月，天津的新房销售均价是接近9 000元，2013年8月新房销售均价是接近15 000元。天津近几年的房价上升就是依托于生产力水平的持续快速上升，天津的进步集中体现在经济总量超过上海浦东新区的滨海新区。

从2006至2012年，滨海新区生产总值年均增长24%，增速领跑全国，并带动环渤海乃至中国北方经济发展。2012年，滨海新区生产总值达到7 205亿元，占天津市GDP总量的55.9%。

滨海新区从2009年组织“十大战役”以来，工业投资已超过1万亿元，2012年完成投资2 700亿元。如今这里高新技术产业产值占工业总产值比重达48%，已形成航空航天、新能源新材料、电子信息、生物医药、石油化工、装备制造等八大优势产业。

北上广深等众多城市的发展壮大的历程都是以产业带动人口增长，城市扩容，房价上升。

那些中国房价崩盘的地区本质上也是因为没有发展好生产力。

过去十年，鄂尔多斯依托“羊（绒）、煤（炭）、（稀）土、（天然）气”这些拥有得天独厚优势的能源资源产业，创出了全国第一的GDP增速，人口规模也迅速攀升至百万人。

但在过去短短几年，鄂尔多斯因煤炭开发而积累的数千亿财富源源不断地转移到房地产开发中，如今煤炭市场走向下坡路，当地又没有深度开发的其他产业来支撑经济的继续发展，房地产业也就跟着走向没落。

按照中原地产创始人施永青的思路来分析，房地产是搭生产力的顺风车，要是把发展房地产等同于发展生产力，那就是本末倒置了。

我们买房，就要选择那些产业实力强、经济又有发展后劲的一二线城市，才能让房价搭上经济发展的顺风车。

一二线城市楼市泡沫破灭？

2013年9月24日，中国顶级地产商、万科地产创始人王石在微博里说：“一线、接着二线城市房价上涨的态势同80年代末的日本泡沫经济的高地价、房价何其相似！”这句话一石激起千层浪，网上反应热烈。

但我们也注意到，截至2013年12月8日，万科花了899.48亿元买地，排名中国第一，拿地的区域依然主要集中在一二线城市。万科的行动比言论更重要。

对于“房地产泡沫说”，另一位中国顶级地产商、万达集团创始人王健林的态度则是不以为然：“任何事物都有泡沫，养猪有没有泡沫？种菜有没有泡沫？不可能种菜种得刚刚好，13亿人就吃完了。”他认为，未来20年中国仍处在高速城镇化过程中，虽然城镇化不是房地产，但不能没有房地产。

其实判断中国一二线城市房地产是否出现日本式风险，我们还是可以从“人”与“钱”这两个角度来分析。

从“人”的角度来看，中国目前的人口真实城镇化率大约35%（两亿多农民工不是真正意义上的城市人口），而1992年日本楼市泡沫开始破灭时，人口城镇化率已超过80%。房价上涨几乎伴随城镇化的全过程，这是世界性的经济规律，中国城镇化才进行了不到一半，作为人口城镇化主战场的一二线城市出现房价崩盘的可能性很小。

来看几个例子：

四川2010年第六次全国人口普查主要数据显示，成都常住人口从2000年的1 110万人增加到1 404万人，净增约300万人，占四川人口的比重从2000年的13.47%提高到17.47%，人口向大城市流动的趋势十分明显；西北地区的西安2012年常住人口855.29万，常住人口净增3.95万人；长江中游的武汉2012年常住人口1 012万，同比增加10万以上。

拥有持续而迅速的人口增长，这样的城市会出现房价长期下跌吗？

从“钱”的角度来看，中国的现状也远比日本楼市泡沫破裂时健康得多。

据日本《经济学人》杂志提供的数据，1991年七大住宅金融专门公司面向开发商的贷款比例提升到78.4%，面向个人的贷款比例降低至21.6%。买房的钱大幅减少，而盖房子的钱大幅增加，严重的供大于求当然会导致房价下跌。目前中国个人住宅贷款余额远远大于房地产开发贷款，例如工商银行的个人住宅贷款占楼市贷款总量的72%，这样的贷款结构是有意让买房的钱大于盖房的钱，以避免楼市崩盘。

最近5年来中国居民储蓄增速明显加快，目前已较2008年8月的20万亿元规模翻了一倍还多。中国已成为全球储蓄金额最多的国家，同时也是人均储蓄最多的国家，人均居民储蓄已经超过 3 万元。相应的，中国也是目前全球储蓄率最高的国家，目前居民储蓄率已超过50%，远远超过世界平均水平。

这样的储蓄规模和储蓄率对于避免楼市崩盘显然是有力支撑。

施永青认为："在房地产市场投资的人，明明见楼价升得比人均收入的增长快，以为楼价应已与购买力脱节，随时会出现调整；但楼价却升完又升，自己的置业能力一再被蒸发。原因是流入房地产市场的钱，主要是积累起来的钱，而非新生的钱，前者的规模比后者大很多。楼价反映的是财富拥有者对储存模式的偏好，而不怎样理会一般人的入息是否同步增长。"

通货膨胀的阴影总是逼着人们想办法投资保值，中国已经积累的巨额财富可以支撑房地产市场。

中国一二线城市的房价反映的并不是当地的购买力，而是全国富有阶层的购买力。高额的房价和大量的中低收入者收入极为不匹配，这一点在北上广这样的大城市里表现得非常明显，比如在北京一个年收入20万元的家庭可能一辈子也买不起五环以内的房。南京、杭州的房价这么高也是因为整个江苏省、浙江省的有钱人都想在省会买房。

国家发改委城市和小城镇改革发展中心主任李铁认为："基于人口总量的高收入人群基数大，形成对高等级城市高房价的支撑。假如高收入人口占全国的10%，我们会有1.36亿高收入人口形成持续的高端的购买群体，对高端、高层次地产有持久性的需求。他们首选会在本地买房，其次会到省会城市买房，再次到北京、上海买房。高收入人口到等级高的、核心资源好的、优质资源相对集中的城市买住房，这在当下中国是最好的、最合理的选择。”

未来15年住房市场的需求增长还有一个人口动力：家庭户规模变小。

根据2010年第六次全国人口普查，31个省、自治区、直辖市共有家庭40 152万户，家庭人口124 461万人，平均每个家庭户的人口为3.1人，比2000年人口普查的3.44人减少0.34人，家庭户规模继续缩小。

家庭规模变小跟现在年轻人习惯于与父母分开住、丁克家庭、单身不婚族等现象密切相关。

“遭人痛恨”但几乎每次都准确预测了房价的“预言帝”任志强分析认为：“中国正逐步进入老龄化社会，但这并不意味着购房需求就要相应减少。20世纪80年代左右，德国是7 300万人口，1 900万个家庭。2010年，他们增加了800万人，变成了8 100万人口，但变成了4 100万个家庭。只增加了800万人口，但是增加了2 200万个家庭，为什么？一调查发现，是因为老人和孩子分开住，这就是家庭分裂速度，家庭分裂导致家庭数量增加。同样道理，最近每年多建了1 000多万套房子，为什么我国住房私有化率还在降呢？因为家庭分裂导致家庭数多了，基数变了，虽然13亿人口没有变，但是家庭户数多了，所以住房私有化率下降了，基数大。家庭数变多了，将会增加更多市场需求，所以未来市场依然存在较多需求。”

即使城市人口不变，家庭变小也意味着需要住房的家庭在增加，更何况一二线城市人口还在持续增加呢。

我们的结论是：在一二线城市买房即使不能升值，作为基本的财富保值手段是可以的。需要注意的是，对三四线城市的房产保值和升值潜力不能过于乐观。

以江西省为例，江西规划到2015年全省城镇化率预期将达到54%，按年均1.7%的增长比例计算，每年将有近80万的农民进城，新增住房需求确实是有的，但是其收入有限。2012年江西全省农民人均纯收入为7 828元，扣除物价因素后实际增长10.9%。乐观估计，十年后三口之家的平均年收入能够达到8万元，以6倍的合理房价收入比计算，十年后这样的家庭能购买每平方米7 000元的70平方米两居室。

这显然限制了江西房价的年均涨幅，再加上有20%的低收入城镇人口是要靠保障房实现住有所居的，这就进一步限制了其住房购买力。

再以河北邯郸为例，目前当地在售和预售的房产共约3 480万平方米，至少可以容纳105万人，以2011年的销售量测算，在建与在售楼盘至少需要消化10年。就算邯郸的城镇化进展比较顺利，这样庞大的供应量也无法支撑房价的明显上涨。

下　篇

买房五项基本法则

买房有五步决策：首先是选择能保值、增值的城市，其次是在城市中选择有核心资源的板块（区域），再次在板块中要选择适合生活的楼盘，然后在楼盘中要选择物美价廉的楼栋，最后在楼栋里要选择有利于身心健康的房子。每一步选择都需要专业知识，本书把其中的关键梳理出来供大家参考。

第一章　保值原则：哪里拥挤就往哪里挤

中国的一二线城市还有买房保值或升值的机会

笔者在本章列举的中国未来15年的买房保值、升值核心城市主要是从首都及省会城市中筛选出来的。

中国的中央财政占据主导地位，税收增长远高于全国其他地区的税收增长，掌握财政分配与主导权的权力中心城市北京，必然成为全国最重要的核心城市。而省会作为省级官员选拔的中心、财政资源分配的中心，几乎必然成为全省的核心城市。

这些城市社会与经济发展稳定，成交价能实现平稳或温和上涨。在这些城市买房，是我们的家庭资产保值的良方。

2013年9月，房产专家童大焕给想在一线城市买房的年轻人算了一笔账：

现在北京六环以内已经很难找到总价167万元以内的房子了，100万元左右的小户型几乎都是彻夜排队一抢而空！167万元总价的房子，首套房首付是50万元，一个年轻人，假定23岁大学一毕业就拿到每月1万元的高薪，攒足50万元需要不吃不喝5年左右，那时已经28岁了。但是再过半年或一年，将会是六环以内很难找到200万元以内的房子，到时的首付陡然增加到了60万元。

如果我们在一线城市买房比较吃力，那还有一批房产保值能力强的二线城市可以选择。房产专家邓浩志认为，未来房企发展的重点还是在二线。因为一线城市的地不好拿，三线城市地好拿市场不好，而二线城市无论市场、还是土地规模都比较理想，将成为全国性房企布局的重中之重。二线城市大量优质楼盘的开发将为我们提供丰富的选择。

富得流油的京津板块

笔者筛选的买房升值城市都属于某个大城市圈。财经评论家叶檀认为，中国城市圈发展与日本东京城市圈非常接近，畅达的轨道交通使1/3的日本人口聚集到大东京都市圈，周边的大城市如横滨等成为拱卫东京的配套城市，完成高科技园区、港口、东京工薪族聚居区等各项功能。

中国的城市圈走的也是核心城市和配套城市的路子，在京津城市圈中，天津作为配套城市也是笔者建议买房的地方，因为天津是一个非常强大的配套城市。而在其他城市圈，笔者很少建议购买配套城市的房产。

北京：最佳买房增值宝地

一篇网络文章《告诉你一个真实的北京》将北京的诱人之处描绘得淋漓尽致：

故宫、长城、颐和园、圆明园、后海……这是帝都！（如果这儿的历史文化你都看不上，那中国也没啥你能看上的地儿了）

清华、北大、北邮、北航、人大……这是中国的教育中心！（如果这儿的教育你不看好，那你基本也是没法教育好的料儿了）

协和、301、武总、空总、阜外、中日友好……这是中国顶尖的医疗高地！（如果这儿都治不好你的病，基本你就只有见阎王的份儿了）

中石油、中石化、五矿、神化、中行、建行、农行、中××……中央企业总部的集散地！（如果这儿的工作你都看不上，那你只能上外星找工作了）

川、苏、鲁、粤、闽、湘、徽、淮扬，海鲜、烧烤、火锅、西餐，民间小吃、国宴大菜……全国美食集大成之地！（如果这儿的菜你都不爱吃，基本地球也没你能吃的东西了）

奔驰、宝马、迈巴赫、劳斯莱斯、宾利、布加迪……世界名车的展览会！（如果这儿的车你都看不上，你只能坐着“天宫”奔上月球找嫦娥了）

党中央、国务院、中纪委、发改委、国资委、各部委，全国行政指挥部！（如果这儿都解决不了你的事，那你只能冲进白宫去问奥巴马了）

好地方自然人人都想去。2010年，北京全市常住人口为1961.2万人，同2000年第五次全国人口普查相比，十年共增加604.3万人，增长44.5%。平均每年增加60.4万人，年平均增长率为3.8%。

笔者也是涌入北京寻求发展的大军中的一员。2008年到2012年，笔者在北京工作了四年半，深感北京城云集了来自西北、东北、华北和中部省份的一流人才，精英荟萃。大家纷纷选择做北漂，是因为北京城好工作最多，工资水平在北方最高，文化氛围最好。

北京也是中国富豪的聚集地。根据兴业银行与胡润研究院的数据，2013年中国有6.45万亿万富翁，北京占了1/6，有10 700人；中国个人资产在600万以上的高净值人群有280万人，北京占了17%，有47.5万人。优越的经济环境不断地让高净值人群将事业重心迁往北京，使得北京拥有高净值人数最多。

这么多人才和有钱人都往北京涌，加起来的住宅购买力当然是极其惊人的，这是北京房价连年上涨的大背景。

2013年3月，北京通州、大兴等郊区六环附近的房地产项目正式迈入每平方米两万元的关口，而六环内难觅总价百万元以内的住宅。不过，2009年12月公布的统计数据显示，当11月份，北京四环内的期房刚刚迈入单价两万元的门槛，达到20 515元/米^2，同期，五环至六环路的单价为10 665元/米^2。短短三年半时间，北京郊区房价就翻了一番。

从未来发展来看，北京面积16 807.8平方公里，其中平原面积为6 300多平方公里，目前建成区面积约1 300平方公里，城市扩张仍有土地空间。那么，北京扩张的方向是哪里呢？北京北依军都山，西靠西山，东南部是平原，北京将持续向东面与南部扩张。这是北京东部通州区、南部大兴区以及与之相邻的河北廊坊（燕郊）、涿州房价上涨的地理因素。

2013年，燕郊的新盘平均售价已经从2002年的1 000元/米^{2}涨到8 000元/米^{2}左右，现房价格则已经突破10 000元大关。2012年底，燕郊上上城、天洋城等项目价格上涨幅度都在1 000元/米^2。

对应燕郊楼市的火热，伟业我爱我家集团副总裁胡景晖认为，首先，北京严格执行限购限贷政策，迫使多数资金有限、不具备购房资格的购房者不得不选择在北京周边置业；其次，北京房价已创下历史新高，2013年8月全市五六环间交易均价为 25 541元/米^2，相比之下，靠近北京六环的燕郊依然是个价格低谷区。在政策及房价的双重作用之下，燕郊楼市超过九成购房客户来源于北京。

河北将以三河市、大厂回族自治县、香河县为基础，建设京东新城；以保定、涿州市为基础，建设京南新城。京东新城和京南新城到2015年分别达到150万人、100万人。

有了可供发展的土地，还得有足够的用水。2013年的北京政府工作报告说，北京将加快南水北调及配套工程建设，新建改造520公里供水管网，确保2014年长江水调得进、用得上。此外，北京的节水工作一直位居中国前列，万元GDP水耗由2007年的31.6立方米下降到2012年的21立方米，超额完成年均下降5%的目标。

土地和用水这两个最大难题解决了，北京城市和人口扩张的上限就大大拓展了，这保证了北京房地产市场有长期发展的前景。

天津：北方经济中心

笔者2009年曾去过天津，大气、现代的新城区和美味的天津麻花、美丽的五大道别墅区给笔者留下了深刻的印象。天津的魅力无处不在：南开大学、天津大学、大飞机、狗不理包子、相声、意式风情街……

天津的城市地位很高，一方面因为它是四大直辖市之一，另一方面因为它的工业发达，与中国最大的高端服务业中心北京形成了互补关系。时速300多公里的京津城际铁路（高铁）让两个城市紧密相连。

天津面积约1.2万平方公里，其中平原约占93%，具备建设大都市的优越地理条件，2012年常住人口已达1 400多万。

天津市最大的亮点是有一个国家级新区——滨海新区，它是北方对外开放的门户、高水平的现代制造业和研发转化基地、北方国际航运中心和物流中心、宜居生态型新城区。

天津港是世界等级最高、中国最大的人工深水港，是吞吐量世界第四的综合性港口，位于滨海新区。它服务和辐射京津冀及中西部地区的14个省市自治区，总面积近500万平方公里，占全国面积的52%，是蒙古国等内陆国家的主要出海口，航线通达世界180多个国家和地区的500多个港口。

目前，滨海新区正在进行总投资超过1.5万亿元的“十大战役”工程建设。2012年，滨海新区生产总值达到7 205.17亿元，人均GDP达到近30万元，约合5万美元。预计滨海新区未来将会和上海浦东新区一样辉煌。

2007年到2013年这6年间，绝大部分东部省市的经济增速经历了从高到低的滑落，但天津经济持续高速增长，成为当之无愧的“中国经济的第三增长极”，与此同时，楼市最高单价也从1万元/米^{2}涨至4万元/米^2，足足涨了4倍。

前面提到的河北廊坊市的香河县、大厂县和三河市地处北京和天津中间。三地地势平坦，总面积1 277平方公里，人口约100万，经济基础较好，2012年三地GDP共约600亿元。三地高速公路、铁路交通发达，未来必将与北京和天津实现高度一体化，将形成总面积3万平方公里、总人口约3 600万的北方经济发达板块，经济总量能和10.2万平方公里、人口约5 500万的浙江省持平。这一板块房地产市场的潜力由此可见一斑。（注：由于唐山的主要产业煤炭、钢铁、水泥、化工、陶瓷、造纸等产业，污染比较重，且年均住宅销量不算很大，所以笔者没有把唐山纳入京津住宅推荐板块）

东北顶梁柱：沈阳与大连

东北的优势是雄厚的重工业基础，只有重工业振兴，东北才能振兴，而东北重工业的重镇在沈阳——沈阳地区国有装备制造业存量资产占到全国的一半多。东北的重工业产品是通过海运大量销往东部沿海省份及世界各地的，大连作为东北的主要对外门户、东北亚国际航运中心，其发展前景毋庸置疑。在中国2012年各城市经济总量排行榜中，大连、沈阳分列第14、第16名，分量颇重。

沈阳：脱胎换骨的老工业基地

沈阳是中国六大区域中心城市之一（另五个区域中心城市是南京、武汉、深圳、成都、西安），中国东北的经济、文化、科技、交通、金融商贸中心，东北第一大城市，人口800多万。

2012年笔者路过沈阳，想瞻仰一下曾经无比辉煌、90年代以来不断没落的铁西区，结果见到的是一个高楼林立、非常整洁的现代化

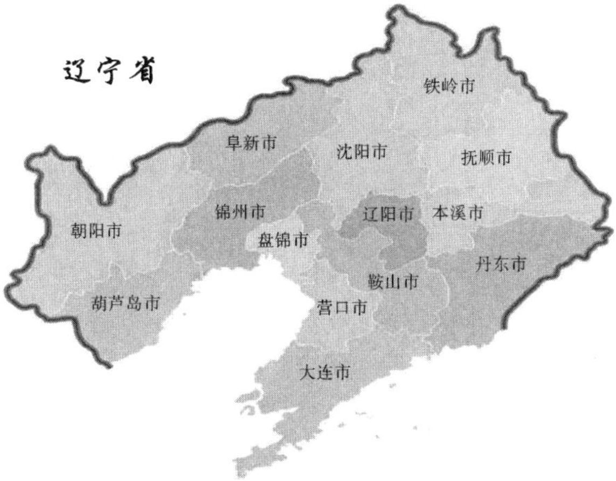

图3-1 辽宁省地图

都市区。如今的铁西区已经脱胎换骨，化成“国家可持续发展实验区”“国家新型工业化产业示范基地”“国家科技进步示范区”“国家首批知识产权强区”，还荣获了联合国全球宜居城区示范奖。

辽宁省委、省政府正在着力打造沈阳经济区。以沈阳为中心，半径150公里的范围内，集中了以基础工业和加工工业为主的八大城市，构成了资源丰富、结构互补性强、技术关联度高的辽宁中部城市群。鞍山、本溪、抚顺、辽阳、铁岭、营口等六个中型城市，以及海城、开原、铁法、新民等十个中小型城市将以沈阳为中心来发展。

沈阳经济区面积7.5万平方公里，人口近2 400万，其经济总量占到东北三省的1/3。沈阳将充分发挥核心带动和辐射作用，打造世界级先进装备制造业研发基地，建设区域性商贸物流、科教文服务中心，打造区域金融中心，做大做强经济总量，提升区域中心城市地位，逐步发展成为东北亚国际性中心城市。

周边中小城市的向心力让沈阳成为东北的第一大商业中心，奢侈品、五星级酒店、外资银行、豪华车4S店在沈阳的店面密集度在全国排第6，仅次于北上广深和杭州。LV在沈阳开设了中国内地第3家店，对沈阳的重视程度超过了深圳。

沈阳城市人口的持续增长是可以预期的。根据辽宁省政府及沈阳市政府的规划，到2020年，沈阳常住人口将达到1 000万，城镇化水平达到87%；到2030年，常住人口达到1 200万，城镇化水平达到90%。

尽管各地楼市受调控政策影响，开发商拿地愈发谨慎，然而在2012年，沈阳土地市场多宗地块高价成交，沈阳土地市场依然竞争激烈，华润、万科、中海、龙湖、恒大、保利、金地、越秀等品牌房企在沈拿地势头不减。这说明了中国顶级开发商对沈阳的市场前景非常看好。

大连：东北活力第一城

2012年笔者到大连游玩，最让我吃惊的不是它那北方少有的现代化与活力气息（因为闻名已久，有心理准备），而是它那惊人的房价。

由于市区处在狭长半岛上，近年来大连楼市的整体供应量有限，而市场的需求又源源不断，价格就持续上涨。

大连是东北最有经济活力的城市。大连的重工业、IT业、金融业、旅游业、商业、航运业发达，2010年人均GDP 91 175元，约为13 468美元，超过上海的10 827美元、天津的10 399美元和北京的10 377美元。2011年全国两会，大连被国家定位为振兴东北老工业基地的龙头及国家级战略辽宁沿海经济带开发开放的核心城市。

大连是东北最有魅力的城市。大连城市环境绝佳，曾获得联合国人居奖，先后被联合国环境规划署评选为“世界环境五百佳”“国际花园城市”，是世界经济论坛新领军者年会（夏季达沃斯年会）常驻举办城市。大连足球、大连啤酒节、大连服装节驰名全国，大连服装节与洛阳牡丹花会、哈尔滨冰灯节、潍坊风筝节并称中国四大名会。

《2012大连流动人口发展报告》显示，流动人口对大连认同度较高，在本地平均居住时间为5.4年，稳定性强，购房比例远高于全国平均水平。全市流动人口总量已达到100余万人，人口规模还将进一步扩大。流动人口居住长期化的趋势明显，流动儿童规模不断加大，流动人口核心家庭向城市转移。

目前大连人口约700万，随着哈大高铁于2012年12月的正式通车，东北人口向大连迁移更加便利，未来人口达到1 000万是可以期待的。

北方人口大省孕育大楼市

济南和青岛：山东的两大经济中心

济南笔者去过两次，一次是参加展会，一次是去旅游。几年前看到济南有好多老旧的建筑，城市形象真不咋地，跟我想象中富可敌国的经济强省山东的省会形象相差甚远。不过从另一个角度来说，这恰恰说明了济南房地产拆旧建新的巨大空间。

济南的科教实力在国内是领先的，对其经济发展十分有利。现有各类高校40所，在校大学生近60万人，有名牌大学山东大学。济南的科研机构200多个，其中有10个国家级实验室，53个省级科研院所。济南高新技术、信息产业发达，被国家批准成为“中国软件名城”。拥有占地20公顷、亚洲最大的环形建筑——国家级软件基地“齐鲁软件园”。

作为人口将近1亿的山东省的省会，必然会有源源不断的人口和资金流入济南，这是济南楼市的核心支柱。

济南因境内有“七十二名泉”故被称为“泉城”，并素有“四面荷花三面柳，一城山色半城湖”的美誉。而青岛的旅游资源与济南相比休闲性更强。

笔者曾去青岛旅游，八大关的别墅和大片免费的美丽沙滩给我留下了深刻印象。

“八大关”充满异域风情，集中了世界20多个国家的建筑风格。我去的那天不少新人穿着白礼服和婚纱在阳光里光影的配合下，拍摄着他们毕生难忘的婚纱照。

青岛啤酒节很多朋友都知道。下面这段谈吃喝的文字让人垂涎欲滴：

与啤酒相伴的，自然是海鲜。海鲜里不得不提的是蛤蜊，这里的蛤蜊一点沙子也没有，味道鲜美，烧汤、清炒都可以，价格也实惠，是青岛人餐桌上的常品。此外海瓜子、蛏子、螃蟹、对虾、海参等也都是下酒的佳品，青岛的烹调风格属于鲁菜的风格，粗放豪迈，就着大口喝下的清澈透明、香醇爽口、泡沫细腻的啤酒，让凉爽宜人的青岛夏夜，可以再凉一些。

著名散文家梁实秋曾经这样描绘青岛的好处：

到处都是红瓦的楼房点缀在葱茏的绿树中间，而且三面临海，形势天成。青岛的天气冬暖夏凉、风光旖旎，而人情尤为淳厚，我们立刻就认定这地方在天时、地利、人和三方面都够标准，宜于定居……我是北平人，但从不以北平为理想的地方。我虽然足迹不广，但北自辽东，南至两粤，也走过了十几省，窃以为真正令人流连不忍离去的地方应推青岛。

根据2012年第三季度数据，青岛的五星级酒店平均房价为1 256元，超过了北京、上海、广州、深圳，成为全国冠军，其高价格并没有吓跑顾客，高达77%的入住率也超过了北京和上海。

青岛吸引人口聚集的不仅是一流的自然和人文资源，其工业基础也非常雄厚。青岛形成了家电电子、石化化工、汽车机车、船舶海洋、纺织服装、食品饮料、机械钢铁七大工业产业基地，家用电冰箱和彩色电视机分别占全国总产量的1/5和1/10。

中国经济的一大弱点是有产品没品牌，但青岛的品牌经济蜚声中外，有着“中国品牌之都”“中国十大品牌城市”等称号。青岛啤酒厂是中国历史最悠久的啤酒生产企业，出口量占中国啤酒出口总量的50%以上。30年前，青岛大力实施名牌战略，逐步发展形成海尔、海信、双星等一批知名企业和品牌。如今青岛有6家企业入选中国最具价值品牌500强，海尔集团连续8年蝉联中国最有价值品牌榜首。青岛拥有中国世界名牌产品2个、中国质量管理奖5个、中国驰名商标64个、中国名牌产品69个。工业名牌企业增加值约占规模以上工业的50%。

经济的活跃带来收入的持续增长以及更多的外来人口，使得青岛的房地产交易也很活跃。2012年青岛市新房成交量为105 312套，新房成交面积10 571 381平方，超过了1 000万平方。在2012年1~12月青岛成交的94 764套新建住宅中，6 000~8 000元/米^{2}住宅成交量环比2011年增加了50.8%，上涨幅度惊人，这展露了青岛普通住宅的巨大市场潜力。

郑州：人口优势助推城市化

大约六年前笔者去过郑州，当时惊讶于其专业批发市场的高度繁荣，其会展业也很兴旺，这跟郑州优良的地理位置是分不开的。郑州地处国家中东部地理中心，是中国重要的一体化综合交通枢纽，在郑州建批发市场能辐射河南、河北、山东、山西等地。

郑州市明确的建设国际大都市的目标：2012年，郑州常住人口为910万，远景规划到2020年，市区总人口达到1 500万以上。

郑州建设大都市的底气来自于中原城市群。中原城市群是以郑州为中心，以洛阳为副中心，包括开封、新乡、焦作、许昌、平顶山、漯河、济源等23个城市的紧密联系圈。土地面积5.87万平方公里，人口4 000万。经济实力在中国中西部城市群中排名第一。

中原城市群的铁路四通八达，从日本、法国等轨道交通发达的国家可以看出，轨道交通配置越全，对于城市群中的核心城市越有利。中部地区的核心城市武汉、郑州等地，就是这样的幸运儿。

一流的地理位置、发达的交通、良好的工业基础、庞大的可迁入人口、经济总量排名全国第五的河南省财政的大力扶持，这些理由足以支持郑州楼市未来的发展。2012年全国性开发商纷纷进入郑州大手笔拿地，形成与郑州本土开发商平分秋色的局面。

下面这个例子足以说明问题：

一度被外媒称做鬼城的郑州郑东新区，2003年1月开始建设，迄今完成1 500亿元的固定资产投资，3 500万平方米的房屋开发面积，280余公里的路网，1 600万平方米的绿化面积，75平方公里的建成区面积，进驻5 000余家企业，新区有约80万人口，商业、医疗、配套设备齐全。曾经的鬼城，现在成为郑州人趋之若鹜的新商圈，新区政府楼周边写字楼的售价与租金，都处于郑州的高位，新区的土地价格十年翻数倍。

“中三角”：武汉、长沙、合肥与南昌

80年代有珠三角崛起，90年代有长三角崛起，进入21世纪，合肥、武汉、南昌、长沙要打造“中三角”（共建长江中游城市群）。以长株潭城市群、环鄱阳湖城市群、皖江城市带、武汉城市圈为主体的长江中游城市群，发展势头强劲，已成为我国经济发展最活跃的区域之一。

2013年2月，在武汉召开的长江中游城市群四省会城市首届会商会上，长沙、合肥、南昌、武汉四省会城市达成《武汉共识》，将联手打造以长江中游城市群为依托的中国经济增长“第四极”。

国家发改委地区司司长范恒山认为，武汉的钢铁、装备制造、光电子产业发达世界领先，长沙的文化产业和工程机械业，合肥的家电制造业，南昌的光电光伏、飞机制造及零部件生产等行业，在整体集群内明显发挥带动作用。

“中三角”是“中部崛起”的象征，中国制造业向中西部迁移，“中三角”正是从中受益的典型城市。

大武汉：楼市前景无限好

笔者曾在武汉坐过半天公交，到处转转，留下的印象就一个字：大！

2007年美国《国家地理》把武汉列入了“世界十大都市排行榜”，说武汉是中国最大的城市。法新社称，此前，只有上海和汉口曾入选世界十大都市排行榜，而那是在新中国成立前。曾任法国驻汉总领事的尚多礼先生描述：武汉是整个巴黎的两倍。

“（武汉）能源成本是上海的1/3，交通成本是上海的1/4，工业成本是北京的1/8”，这是法新社2007年采访武汉后的一个总结，这些数据显然是在说武汉的发展潜力。

武汉的发展潜力还在于它排名全国前三的科教综合实力：著名的武汉大学和华中科技大学坐落于此，另有武汉理工大学、中国地质大学、华中农业大学、华中师范大学、中南财经政法大学等诸多教育部直属的211工程高校。

在世界银行联合国务院发展研究中心发布的《2030年的中国》研究报告中，将武汉（光电）与北京（IT与软件服务）、上海（金融与工程服务）、深圳（物流与商业服务）、成都（航空）一并列为“正在成为中国公认的知识与创新中心”城市。

武汉还有很多得天独厚的发展条件：武汉是全世界水资源最丰富的特大城市，水域面积占全市国土面积的1/4，构成了武汉气势恢宏、极具特色的滨江滨湖水生态环境；武汉还是中国内陆最大的水陆空交通枢纽，因其独特的地理位置素有九省通衢之称。

由于种种优越条件集于一身，武汉被联合国开发计划署选定为21世纪全世界最具发展潜力的城市之一，美国《未来学家》杂志更是预测武汉将在21世纪成为仅次于加尔各答的全球第二大超级城市。

目前已经有1000万常住人口的武汉为什么能继续壮大？

一个重要原因是它至关重要的地理位置决定了国家会重点投入建设。

来看北京航空航天大学战略问题研究中心教授张文木先生的一段评论：

如果说长江是联结中国东西两端和中国统一的重要纽带的话，那么，其中的中国湖北，尤其是湖北武汉则是能对全国发生关键影响的枢纽。

清末曾国藩正是从武昌、安庆出手，打碎太平天国的关键屏护、动摇其防御根本，从而避免当时中国很可能出现的南北分裂。1911年10月10日，中国辛亥革命从武昌爆发并由此很快引起全国性的政治变局。1926年9月北伐军从武昌破局，打开中国统一的全国形势。1938年武汉沦陷不久，日本近卫首相声称："有一句名言说：'谁能控制中国主要地区，便能拥有中国。'……日本已经掌握控制中国的钥匙。"在近卫心目中，武汉是实现控制长江的"钥匙"，长江是实现"控制中国"目标的"主要地区"。

武汉能继续壮大的另一个重要原因是它有武汉都市圈的支撑。

武汉都市圈是指湖北东部以武汉为中心，以100～200公里为半径的城市群落，包括武汉及其周边的黄冈、黄石、鄂州、孝感、咸宁、仙桃、天门、潜江8个城市。面积不到全省1/3的武汉城市圈，集中了湖北省一半的人口（约3 000万）、六成以上的GDP总量。

武汉作为都市圈的核心城市，是最大的受益者，城市圈中的富裕群体与创业群体因为方便到武汉创业、工作、购物，从常住人口与存款等数据就可以看出核心城市黑洞般的吸附能力。这是武汉经济增长、人口增长以及房地产市场持续发展的根本保障。

2012年，武汉楼市月度成交量屡破纪录，而全年成交量也创新高，全年商品住宅总成交量13.53万套，达到历史峰值。2012年，武汉市累计成交249宗土地，成交面积1 500.47万平方米，与2011年同期相比增加47.87%——住宅热销带动了开发商买地盖房的热情。

长沙：后劲十足的现代都市

笔者去长沙逛过一圈，留下的印象是：新。长沙的日新月异有着湖南着力推进城市化的大背景。

前面说过，中国适合大规模城市建设的区域在中部和东部。中部各省都有自己的城市化战略，湖南的城市化是“3+5”城市群战略。即以长沙、株洲、湘潭三市为中心，1.5小时通勤为半径，包括岳阳、常德、益阳、娄底、衡阳5个省辖市在内的城市聚集区。

长株潭城市群是湖南省经济发展的核心增长极，人口近1 500万，GDP近1万亿。长株潭城市群的一体化也走在全国前列。2009年，长株潭三市长途区号统一为0731，成为全国唯一统一区号的城市群，同年，长株潭城际铁路动工。随着城市规模的扩大，实际距离已进一步缩小，以各自实际建成区边缘来测量，湘潭、株洲与长沙距离20公里，而株洲与湘潭只相距10公里。

《湖南省推进新型城镇化实施纲要（2012—2020）》提出，到2015年，长株潭城市群城镇化率达到70%，长株潭将作为一个“超级城市”的形态出现，进而带动全省城市化进程。

作为湖南城市化的核心，长沙自然会在“3+5”城市群的发展进程中受益最大，人口和资金的涌入对其房地产长期发展会起到支撑作用。

笔者有个好朋友是湖南浏阳人，浏阳市是归长沙市管辖的。他说浏阳农村人往镇上迁移，镇里人往浏阳市区迁移，浏阳市区的人又往长沙市区跑。人往高处走的心态会驱使长沙市区的人口不断膨胀，房产需求不断增加。

众所周知，长沙市是个特别有活力的城市。体育方面，长沙有熊倪、唐九红、陆莉、刘璇、李小鹏、鲍春来等世界顶级运动健将，在世界级比赛中获得多枚金牌，其中在2000年悉尼奥运会上获得5枚金牌。长沙的湖南卫视、《体坛周报》也是充满动感气息的顶级媒体。

长沙的活力更体现在广大的市民身上。长沙人爱吃，湘菜如今已经走向全国；长沙人爱玩，在娱乐方面特别舍得花钱，解放西路酒吧一条街大大小小几十家酒吧，杂技、歌舞表演、相声小品、现场名人书画、特技表演等一应俱全。

充满活力的长沙在经济舞台上同样大放异彩。从全国26个省会城市对比来看，2012年长沙GDP总量居第7位（6 400亿元）、规模以上工业增加值总量居第8位、社会消费品零售总额居第7位、固定资产投资总量居第6位、公共财政预算收入居第8位。

长沙是中部地区人均收入排名第一的城市，这带来了车子与房子的大规模消费需求。

合肥与南昌：迎来最佳发展机遇

合肥的重要发展潜力是它是安徽皖江城市带承接产业转移示范区的核心城市。

皖江城市带承接产业转移示范区成员包括合肥市、芜湖市、马鞍山市、铜陵市、安庆市、池州市、滁州市、宣城市和六安市（金安区、舒城县），有3 000多万人口，占全省人口的大约一半，GDP占全省的70%左右，这样规模的一个城市圈足以支撑合肥一个大城市的崛起。

皖江城市带的主要机遇是长三角的产业转移。

20世纪八九十年代以来，欧美日韩将生产基地不断转移到中国，造成了今天中国“世界工厂”的名号和世界第一制造业大国的地位。欧美日韩之所以转移制造业，是因为中国的生产成本非常低。一转眼二三十年过去，如今长三角的人力成本和土地成本不断提高，再继续做一些工业品生产已经不具备竞争优势，于是就有了工厂迁到劳动力丰富且工资相对较低、能源矿产丰富、土地成本低的中西部的需求，安徽紧邻长三角，近水楼台先得月，自然迎来了工业发展的最好时机。

皖江城市带近些年已经有了快速的发展，拥有马鞍山马钢、芜湖奇瑞汽车、合肥江淮汽车、马鞍山星马汽车、铜陵有色、安庆石化、芜湖海螺水泥等一批国内知名企业。这一区域集中了安徽全省80%的汽车企业、83%的钢铁企业、71%的有色金属冶炼及加工企业和92%的家电生产企业。

来看《湖州日报》2012年7月对安徽芜湖市和宣城市的报道：

同处长三角的芜湖，2011年全市实现地区生产总值1 600亿元，同比增长16%，一举超越我市，财政收入和地方财政收入的增长数均超过30%，进出口总额更增长了46.1%，其汽车及零部件、材料、电子电器、电线电缆四个支柱产业实现总产值增长40%、战略性新兴产业完成投资增长40%。

同为近邻的安徽宣城，2011年实现的规模工业增加值相当于2000至2007年8年总量，财政收入和地方财政收入均超过2000至2006年7年总量，固定资产投资同样超过2000年至2006年7年总量，而实际到位省外资金超过2000年至2009年10年总量，城乡居民收入增幅均为建市以来最高。

皖江城市带的崛起意味着整体购买力的提升，这对省会合肥的楼市无疑是利好消息。

合肥拥有三所国家实验室和四座重大科学装置，数量位居全国第二，仅次于首都北京，著名的中国科技大学也位于合肥，这造就了合肥的科技实力。

2012年5月英国《自然》杂志发布了《自然出版指数2011中国》报告，对中国的科研机构和城市按照论文质量标准，进行了基础研究实力排名。结果显示，合肥仅次于北京和上海，位列全国第三，超过了南京和香港。

因为有皖江城市带和一流的科研实力支撑，合肥迎来了经济快速发展的时代。在“第三届中国上市公司与城市发展投资交流会”上，合肥市当选“2012年中国最佳投资城市”第三名，仅列广州、天津之后。这是合肥连续第二年入围“中国最佳投资城市”三甲。

2012年12月4日，世界著名杂志《经济学人》官网发布的“世界增长最快/慢都市经济体”文章认为，人均GDP合肥增速排全球第一。

长江流域省会城市中，刚开始展露发展潜力的省会城市除了合肥还有南昌。自国家实施“中部崛起”战略以来，中部几个省份不约而同地将发展的目光瞄准了城市群，谋求以城市群的发展带动全省经济的迅猛提升，江西打造的是环鄱阳湖城市群。

环鄱阳湖城市群包括南昌、九江、景德镇、上饶、鹰潭、抚州、宜春、新余8个地级市，人口占全省的2/3（3 000万人），GDP占全省的3/4。

特大中心城市是江西崛起的脊梁，江西省在构建城市群的战略中把做大做强中心城市南昌摆到突出位置，以省会南昌的崛起带动全省崛起。江西将重点支持南昌打造汽车及零部件、食品和生物医药、新材料三大千亿产业。

江西省政府《关于进一步推进城镇化发展的实施意见》正式出台，提出到2020年，南昌的经济总量占全省比重达到30%左右，城市建成区面积达到500平方公里，基本完成核心增长极的打造目标。这一规划的落实自然是房地产市场的利好。

南昌有两个值得留意的发展优势。

其一，南昌是中国唯一一个毗邻长三角、珠三角和闽三角的省会城市，是中西部承接东部产业转移的一个主要基地。

其二，南昌具有“西山东水”的自然地势，是一座名副其实的东方水城，拥有异常丰富的水资源。全市总面积7 402.36平方公里，其中水域面积达2 204.37平方公里，占29.78%，居全国前三名。

西部三雄：成都、重庆与西安

中国西部包括西南5个省区（重庆、四川、云南、贵州、西藏）、西北5省区（陕西、甘肃、青海、新疆、宁夏）和内蒙古、广西，以及湖南的湘西、湖北的恩施土家族苗族自治州。

中国西部地广人稀：土地面积685万平方公里，占全国国土面积71.4%；目前有人口约2.87亿，占全国人口总数的22.99%。

整个西部只有四川盆地和关中平原近30万平方公里称得上人口密集。

四川盆地囊括四川省中东部和重庆市大部，总面积约26万多平方公里，人口接近1亿。陕西的关中平原面积约3.4万平方公里，工业、农业和文化都比较发达，是全国重要麦、棉产区，人口2 300多万，关中地区的面积和人口都和台湾地区差不多。

成都、重庆与西安的发展基础就是这两大区域的众多人口。在中国2012年各城市经济总量排行榜中，重庆、成都分别是第7、第8名，西安则在西北所有城市中名列第一。

成都：西部第一福地

成都平原是整个四川盆地中唯一一块较大的平原，也是四川盆地中最富饶的地区，自古享有“天府之国”美誉。汶川地震和雅安地震都基本没有影响到成都，因为成都平原虽然邻近龙门山断裂带，但却属于地质上十分稳定的扬子地台（即华南地块）。“千年富贵平安，西部第一福地”，这是成都给笔者的印象。

成都的好处数不胜数：成都降水丰沛，煤炭、天然气储量丰富，其发展不会受到水资源和能源短缺的困扰；成都是国家四大科教城市之一，有四川大学、电子科技大学、西南交大等知名高校，科研力量能够支撑经济发展；成都冬无朔风劲吹，夏无烈日曝晒；成都有蜀绣、蜀锦、川菜、川剧、武侯祠、都江堰、双流国际机场……成都的衣食住行都是一流享受，被联合国世界旅游组织和教科文组织授予“中国最佳旅游城市”和“世界美食之都”。2009年，新华社《瞭望东方周刊》将成都评为“中国最具软实力城市”。

集万千宠爱于一身的成都，居住着1 400多万人口。近代史上传下来一句老话：北京衙门多，上海洋行多，广州店铺多，成都茶馆多。有人说，成都人大约有半数是在茶馆里过日子的，至于另外一半，则多半进了火锅店。

吃吃火锅，喝喝茶，摆摆“龙门阵”，还有遍布郊区的农家乐；春天看花，夏天吃桃，秋天赏叶，冬天晒太阳，成都人真是安逸得不得了。

试问谁不想享受人生？成都成为四川盆地的人口聚集地那是板上钉钉的事，它在全国范围内属于优质地产板块。

重庆：中西部的国家中心城市

先来看一段网友的文字，对重庆有个感性印象：

它依山建筑是“山城”，它云轻雾重是“雾都”，它夏长酷热是“火炉”，它有美女和火锅，它就是重庆，令人神往、风景秀美的城市。

2010年2月，国家住房和城乡建设部发布的《全国城镇体系规划》明确提出建设五大国家中心城市：北京、天津、上海、广州、重庆。

如今一个国家的地位，不是由其区域大小来定，而是由其特大城市的国际地位所决定。国家中心城市好比是国家经济的聚宝盆，任何发达国家都会建立相应数量的“国家中心城市体系”。如德国有柏林、法兰克福，法国有巴黎、里昂，美国也有纽约、芝加哥、洛杉矶等十多个国家中心城市。

作为国家中心城市，重庆获得了无数资金与政策的支持（例如中国内陆第一个国家级新区“两江新区”）。重庆将建设成为西部地区的重要增长极，长江上游地区的经济、金融、航运等中心和城乡统筹发展的直辖市。

为什么选择重庆作为国家中心城市呢？因为重庆是连接西部与中部的枢纽，成都离中部就远了一些。这也是抗日战争期间国民政府把重庆而不是成都作为陪都的原因，重庆作为陪都有助于国民政府同时掌控中西部局势。

因为其枢纽位置，国家历年的投入让重庆有了优越的交通条件。

重庆是中国西部唯一集水陆空运输方式为一体的交通枢纽：横贯中国大陆东西和纵穿南北的几条铁路干线、高速公路干线在重庆交汇；3000吨级船队可由长江溯江至重庆港；江北国际机场是国家重点发展的干线机场。

良好的工业基础也是重庆成为国家中心城市的一大原因。重庆是中国老工业基地之一，正着力壮大汽车摩托车、化工医药、建筑建材、食品、旅游五大支柱产业，加快发展以信息科技、生物工程、环保工程为代表的高新技术产业。

重庆发展工业完全不用为能源供应发愁——重庆是中国西部电网的负荷中心之一，煤炭、天然气产量大，能源供应的保障程度高。

一流的交通和产业是重庆城市化的基础，再来看看影响重庆城市化的土地、水资源和人口状况。

重庆辖区总面积8.24万平方公里，为北京、天津、上海三市总面积的2.39倍，但大多是山区。重庆北有大巴山，东有巫山，东南有武陵山，南有大娄山，东北和东南山区的人口不断向西部主城区迁移，是重庆城市化发展的一大动力。

山太多是重庆的劣势，但水很多就是重庆建设大都市的优势。长江干流重庆段，汇集了嘉陵江、渠江、涪江、乌江、大宁河等五大支流及上百条小河流，加上长寿湖、小南海、青龙湖等湖泊，年平均水资源总量在5 000亿立方米左右，每平方公里水面积全国第一。这一点足以让所有北方大城市羡慕不已。

说完山水再看人。重庆全市总人口约3 000万人，农村人口有1 300万，再加上想向主城区转移的山区城镇人口，推进重庆主城区大发展有充足的人口来源。

2013上半年，重庆主城区房地产市场延续了2012年的火爆态势，累计成交1 194万平方米，月均199万平方米，庞大的人口和不算高的价格带来了惊人的住宅需求量。

西安：最佳地理位置和强大科研实力

2008年笔者曾去西安出差，高高的古城墙和连片的仿古建筑给我留下了深刻印象。

如果要看中国古代历史文化，西安和北京两个城市足以代表中国历史的前期和后期。西安是中国历史上建都朝代最多、影响力最大的都城，如今是中国七大区域中心城市之一。

西安是古代丝绸之路的起点，也是现今欧亚大陆桥（东起太平洋的连云港，西到大西洋的荷兰鹿特丹港，是目前亚欧大陆东西最为便捷的通道）的重要站点，是沟通中国东西部的关键点，是国家实施西部大开发战略的桥头堡。

西安制造业实力雄厚，目前已建成了以机械设备、交通运输、电子信息、航空航天、生物医药、食品饮料、石油化工为主的门类齐全的工业体系。西安制造业最大的亮点是航空航天产业，聚集了中国航天1/3以上的力量，“神舟”五号、六号火箭发动机和推进剂，箭载计算机和遥感装置等，都是西安研究制造的。

西安制造业之所以比较高端，是跟它的科技实力分不开的。西安有西安交通大学、西北工业大学、西安电子科技大学等重点高校，全市大专以上学历人口80多万，占全市总人口的比例约为11%，排名全国第一。

西安未来将打造成国际化大都市，其发展空间问题将通过向咸阳扩张得到解决。西安和咸阳是地理距离很近的两个城市，两市相距17公里。西安市的绕城高速公路已修至咸阳市境内，机场也从原西安桃园迁至咸阳。西安和咸阳电话已经统一为029区号，随着公交同步、地铁同步等措施的推进，两市同城效应也将越来越明显。

除了连接西安和咸阳的西咸新区（西部地区重点建设的五大城市新区之一），以文化产业和旅游产业为主导的西安曲江新区也值得留意。它核心区域面积40.97平方公里，同时辐射带动大明宫遗址保护区、法门寺文化景区、临潼国家旅游休闲度假区和楼观台道文化展示区等区域，发展区域总面积近150平方公里。曲江新区建设以文化、旅游、生态为特色的国际化城市示范新区。

西北生态环境总体而言比较恶劣，这种情况下生态环境好的城市无疑会有定居的吸引力。西安通过实施"大水大绿"和"蓝天碧水"工程，重现了"八水绕长安"的胜景，森林覆盖率达到42%，2009年空气质量二级以上天数达到304天，人居环境质量显著改善。西安先后荣获"国家卫生城市""国家园林城市""中国优秀旅游城市""中国最具幸福感城市"等称号，已经成为西部休闲居住、投资创业的向往地。

2010年西安常住人口为846.8万人，比2000年增加了105.6万人，今后西安将继续吸纳来自西北五省的人口，为经济增长和房地产市场的发展提供源源不断的动力。

长三角四强：沪宁苏杭

长三角是中国经济最强大的版块，现在是，将来仍然是。

2010年国务院正式批准实施的《长江三角洲地区区域规划》制定的目标是：到2020年，力争率先基本实现现代化——也就是说，要比全国提前30年实现现代化。这个规划指的长三角地区是上海市以及浙江全省、江苏全省，而笔者想讨论的是长三角核心区16个城市。

长三角16城包括上海、南京、苏州、无锡、常州、镇江、扬州、泰州、南通、杭州、湖州、嘉兴、舟山、绍兴、宁波、台州。这些城市的总面积约11万平方公里，2012年常住人口约9 500万。

2012年长三角16城GDP总和约9万亿元，即1.42万亿美元，而2012

年西班牙的GDP为1.35万亿美元，在全球排第13名，也就是说，长三角地区如果参与全球经济体排名，经济总量可以排到世界第13位，经济规模逼近澳大利亚，超过了西班牙、墨西哥和韩国。

笔者认为，到2020年，长三角16城不仅可以实现现代化，还能在经济规模上超过目前已经差距不大的澳大利亚、印度和加拿大，进入全球十大经济体行列。

源源不断的外部人口迁入是长三角未来发展的一大利好。

整个长三角地区（上海市、江苏省、浙江省）常住人口的增加主要是大量非户籍迁移的人口导入，迁入的人口主要来自河南、安徽、四川、江西。1995年到2000年，从长三角外迁入的人口为581万，2000年到2005年，就增长到1 355万，到了2005年至2010年，这一数字又升到1 817万。

正如规模庞大的移民让美国经济不断增添活力，长三角的几千万移民也必将使其经济充满生机。

在长三角核心区16城中，有上海、南京、杭州、苏州、宁波等5个经济中心。上海2012年以2万亿元GDP位居榜首，苏州突破1万亿元，杭州、南京两大省会城市的经济总量均已超过6000亿元。这几大经济引擎将引领整个长三角地区未来的发展。

上海：寸土寸金全国金融中心

电视剧《上海滩》、歌曲《夜上海》，还有张爱玲和王安忆的小说，这些文艺作品让国人对中国第一大城市上海留下了深刻印象。笔者去过上海几次，留下的种种印象浓缩成了一个词：富贵逼人。

20世纪30年代的上海，是世界上最繁荣的城市，东方排名第一的大都会。无数创业家的传奇发生在这里，无数的超级富豪产生在这里。如今，更大规模的财富故事在这里上演。

在解放之前，上海曾是远东第一金融中心，无论股票、黄金还是外汇等其金融市场规模全部都雄踞亚洲第一。曾是全球第二大期货交易中心，仅次于芝加哥；是全球最大黄金现货交易中心；是全球第二大钻石现货交易中心以及全球三大有色金属定价中心之一。

如今，上海的国际金融中心地位正在逐步恢复，成为人民币国际结算试点城市中一个标志性事件。上海几乎囊括了全中国所有的金融市场要素：上海证券交易所、上海期货交易所、中国金融交易所、上海钻石交易所、上海黄金交易所、上海金融衍生品交易所、银行间债券市场、中国外汇交易中心、中国资金拆借市场、国家黄金储备运营中心、国家外汇储备运营中心、上海清算所（中国人民银行清算总中心）、中国人民银行上海总部、各大外资银行大中华总部、中国反洗钱资金监控中心、上海银行间同业拆放利率报价系统、中国保险交易所……

金融中心的房价上涨幅度是惊人的。上海核心地段的世茂滨江楼盘，2001年一期开盘时单价为每平方米11 000元到16 000元，到2012年报价在7万元到8万元之间，11年时间上涨了7倍左右。

2013年8月，国务院正式批准设立中国（上海）自由贸易试验区。自由贸易区意味着巨大的产业和房地产投资机会。来看《北京青年报》的报道《上海自贸区：一夜之间豪车遍地，数百温州人注册公司》：

在上海自贸区获批的消息公布后，以善于寻找商机著称的温州商人早已抢先一步，成批成批来上海自贸区寻找机会。

多名人士提到温州商人在自贸区内抢地盘的“传说”：在得知上海要办自贸区的消息后，几百个温州商人第二天一下子都去保税区注册公司了。

温州中小企业促进会会长周德文表示，据他所知，确实有至少几十名温州商人已经以各种方式参与到上海自贸区中去了。上海工商联温州商会会长厉育平亦证实，目前确实已有温州商人入驻上海自贸区，其中有五六家贸易型企业，还有刚成立的公司。

而温州一家房地产开发公司则表示，已经在上海自贸区洋山保税港区范围内拿到一块200亩左右的地，是在3个月前通过竞拍到手的商业地产用地，将作为当地的总部经济园配套设施来开发。

上海德融房产经纪公司的一名房产中介表示，上海自贸区获批后咨询自贸区范围内办公场所房源的客户数量成倍增长。以外高桥保税区内一个二手办公楼项目为例，原来的报价在每平方米1万元左右，而现在则要接近2万元，成交的价钱比之前报价都翻了近一倍。

作为国家战略，上海自贸试验区为金融创新打开了巨大空间。在上海自贸试验区可基本实现利率、汇率的市场化这个金融完全市场化和全面开放的重要指标。在自贸区内基本放开人民币汇率的衍生品交易，企业可以比较自由从境外获得借款，境外资本在自贸区内可以投资中国证券市场，境内个人资本流出将比较便利。

上海作为亚太金融中心的地位无疑将进一步得到增强。

进入新世纪的这头十年，上海全市生产总值快速增长，先后超过中国香港、新加坡和韩国首尔。上海用占全国0.06%土地面积创造了占全国4.1%的生产总值。

很能体现上海经济地位的是上海会展业的辉煌。上海举办的展会数量居全国首位，会展年总收入占全国近50%。上海国际车展是全球展出规模最大的车展，跨国公司全球首发车数量位居全国之首。上海的China Joy则是全球三大互动娱乐展之一。上海是世界体育赛事之都，世界最高级别的单项常驻赛事几乎都落户在上海。

文化学者易中天说："正如美国不能没有纽约，中国也不能没有上海。上海是长江流域的龙头，而长江流域则是中国经济的脊梁。"上海如此重要，自然会吸引各路豪杰来此闯荡。精英云集，上海的房产购买力就很惊人：截至2012年12月30日，2012年上海全市商品住宅成交面积为933万平方米，相比2011年上涨27.9%；成交均价22 473元/米^2，上涨2.1%。

一年买房能花2 000多亿元，这就是中国的财富中心大上海。

南京与苏州：权力与财富中心的号召中心

沪宁高铁是中国大中城市最密集的地带，将成为长三角“世界级城市群”的主轴线，苏州、无锡、常州和南京这四个江苏经济重镇全部在这条高铁的沿线。这其中又以西边的南京和东边的苏州是最具投资价值。

南京是江苏省会，是近8 000万江苏常住人口的政治和文化中心，是有着5万多亿元GDP（2012年）的江苏省重点建设的城市。

中国有五大都市圈：北京、上海、广州、杭州和南京。南京都市圈成员为南京、镇江、扬州、淮安、马鞍山、芜湖、滁州7市，土地面积约5.1万平方公里，人口约3 000万。

以南京为中心的都市圈地区具有相对完整的大工业体系，这里距上海有一定距离，又与安徽的经济往来密切，从人口、地理位置和经济总量等方面都具备形成大都市的条件。作为都市圈的核心，南京必然成为人口和资金的聚集地，发展潜力巨大。

南京是国家三大高等教育中心，科教综合实力仅次于北京、上海，居全国第三位，有南京大学、东南大学等著名高校，还有中科院、自然科学研究和开发机构600多家。科技是第一生产力，南京的发展后劲是很好的。

南京有不少知名品牌：扬子晚报、江苏卫视（孟非主持的《非诚勿扰》想必大家都看过了）、苏宁电器、熊猫电子、扬子石化、中山陵、玄武湖、秦淮河、栖霞寺、紫金山天文台、鸭血粉丝汤……

笔者只见过南京满城的梧桐树、只去过优美大气的中山陵公园，就已经感觉南京是个好地方了。不论是想发展事业，还是想享受一流的科教资源、历史文化资源，南京都有你想要的东西，所以南京的人口不断增长，楼市的发展就成为长期趋势。

南京厚重大气，苏州美轮美奂。

苏州笔者去过两次，拙政园、留园、虎丘、狮子林都一一逛过，确实名不虚传，美不胜收。“苏州园林是建筑、山水、花木、雕刻、书画的综合艺术品，集自然美和艺术美于一体”，但凡去逛过的人就能完全领会上面这句话了。

苏州留给国人的主要印象是历史文化名城。园林之外，闻名已久的还有昆曲、评弹、碧螺春、苏绣、周庄、同里、沙家浜、柳亚子、苏童……

很多人不知道苏州有着令人惊叹的经济实力：苏州GDP过万亿元，经济总量排名全国第六；苏州是全国开发区兴办时间最早、发展速度最快、数量最多的城市之一，有国家级、省级开发区17个，它们以不到全市7.2%的土地面积，创造了全市2/3的地区生产总值；苏州曾被世界银行评为“中国投资环境金牌城市”，并3次被《福布斯》评为“中国大陆最佳商业城市”，有140多家世界500强企业在苏州投资；苏州的制造业以生产高科技产品为主，竞争力强，2011年完成进出口总额突破3 000亿美元，仅次于深圳、上海、北京；苏州旅游业年收入近1 000亿元……

2010年全国人口普查，在长三角城市群中，常住人口数最多的是上海，约2 300万。而两个副中心杭州和南京的常住人口规模分别是870万和800万。值得注意的是，苏州常住人口规模已达1 050万左右，成为长三角城市群中常住人口规模超过1 000万的第二个城市。

能够吸纳如此多的人口，足以说明近些年苏州经济的巨大规模与活力。苏州毗邻大上海，过近的距离使其无法成为相对独立的区域中心城市，但其未来的前景也得到了保障——它能受到上海强有力的经济辐射。在这方面苏州和天津是高度相似的，其市区的房地产市场也是有保障的。

杭州：汇聚浙江购买力的房地产中心

浙江经济发达是出了名的，以至于有些中国人误以为所有浙江人都很有钱，笔者一个同学在海南读大学时，申请助学贷款被学校公然拒绝了——难道浙江人还需要贷款读大学？

浙江经济的核心力量主要在沿海城市，2012年7月，浙江省湖州市党政代表团赴嘉兴、宁波、绍兴三个沿海城市，开展了学习考察之旅，《湖州日报》对三地强劲的发展态势作了如下总结：

作为近邻的嘉兴，所辖五县市全部进入全国百强县前32位，三分之二的镇进入全国千强镇；农村居民收入增幅连续8年超过城镇居民，城乡居民收入比为1.89∶1，为全省最小；100多个国家和地区的5 000多家企业落户，其中30多家世界500强在此地投资……

身处省内第一集团的宁波，工业增加值近五年来年均增长11.9%，达到3 004.8亿元，跃居全省第一；港口货物年吞吐量4.3亿吨，港口集装箱年吞吐量1 451.2万标箱，分别居世界第5位和第6位，口岸进出口总额达到2004亿美元；围绕国家创新型试点城市和智慧城市建设，建成十大公共技术服务平台……

绍兴，是亚洲最大的化纤面料生产基地，“中国轻纺指数”全球发布；全市拥有上市企业49家、30家跻身中国民营企业的企业；形成了38个块状经济，有40多个主导产品产量全国第一；共有商品交易市场383个，其中超100亿元市场3个、超10亿元市场19个……

之所以把这几个城市的经济状况摘录下来，是想告诉大家，杭州周边有好几个经济发达的城市，这些城市的富裕人群会增加杭州房地产市场的购买力。

笔者是在浙江大学读的本科，那几年美好时光让我深深爱上了杭州这个美丽的城市——我的最爱是西湖杨公堤边上的那些漂亮而又幽静的公园。白居易说“江南忆，最忆是杭州”，此话真是说到我心里去了。

2007年，杭州获国际旅游联合会颁给的“国际旅游金星奖”，成为获此殊荣的第一个也是唯一一个中国城市；2011年，杭州荣膺“全球十大休闲范例城市”——笔者的体会是，去好好体验一下西湖区那大片的绿色和密布的景点，就能明白杭州的休闲滋味。

西泠印社、胡雪岩故居、良渚文化遗址、天目山、瑶琳仙境之外，杭州旅游还有两个关键词：水与爱情。

杭州的水是闻名天下的：西湖、千岛湖、富春江、钱江潮、京杭大运河……城市中央有个“浓妆淡抹总相宜”的大西湖，真是奢侈到了极点；杭州作为旅游城市是有自己独特定位的，慕尼黑是啤酒之都，巴黎是艺术之都，维也纳是音乐之都，苏州是园林之都，而杭州则是爱情之都，在中国四大民间爱情故事中，白娘子与许仙、梁山伯与祝英台的故事都发生在杭州（雷峰塔、断桥、万松书院、凤凰山）。此外，杭州还有苏小小、杨乃武与小白菜等著名爱情故事。

杭州秀丽的湖光山色使它成为“长三角”一片令人流连的后花园。得天独厚的自然环境，深厚的历史文化底蕴和精致悠闲的生活态度，三者的完美结合，非杭州莫属。杭州是世界休闲博览会和中国国际动漫节的永久举办地，这为杭州的软实力增加了两张亮丽的名片。

北宋著名词人柳永曾说“钱塘自古繁华”，杭州经济一直是浙江的龙头老大——说句题外话，杭州不仅美，而且富，再考虑到杭州的女性化色彩，不由得让人想起“白富美”这个流行的词语。

在长江三角洲，龙头城市上海是理所当然地要发展金融服务业，而作为副中心的杭州，则瞄准了制造业基地的目标。经过多年努力，杭州的软件业和生物医药业已经达到了全国一流水平。杭州高新软件园的企业经济总量在全国是名列前茅的。

浙江最能拿得出手的大企业很多是在杭州，娃哈哈、青春宝、养生堂、阿里巴巴、淘宝网、万向集团、华立集团、浙大中控、浙江物产集团都是创立于杭州的中国顶级企业。沪杭高铁、杭宁高铁、杭甬高铁的陆续开通让杭州与上海、南京、宁波等长三角核心城市紧密相连，无疑有助于杭州经济的进一步发展。

杭州房地产规模大、价格高，除了自身的经济实力支撑外，它也是整个浙江省有钱人的最佳房产投资地。很多浙江企业的投资完全是在浙江以外的地区，被计入了当地的GDP没有被计入浙江的GDP，但各种利润和投资收益，却依然属于浙江，因此浙江的富裕程度光看它的GDP是不够的，它的房产购买力是非常惊人的，听闻笔者一个同学的叔叔就在杭州买了5套以上的房子。

近两年杭州大量出让土地，短期内供应量大增使得房价出现下跌，有意买房的朋友可以选择在供求比较平衡的主城区（不含萧山、余杭）置业，从长时段来看，保值或升值前景会比较有保障。

宁波：顶级的港口城市

如果不想或不能在省会杭州买房，那么拥有浙江第二大房地产销售市场的宁波可以成为备选城市。

笔者有几位大学同班同学是宁波人，留下的印象是宁波人日子过得真是富裕。去过宁波两次，留下的印象是这个城市又现代又整洁。总之，对宁波印象不错。

宁波是全国15个副省级城市和5个计划单列市之一，是浙江省对外开放的门户和窗口。宁波的外贸传统已经有上千年历史，唐朝时与扬州、广州并称为中国三大对外贸易港口；宋朝时又与广州、泉州同时列为对外贸易三大港口重镇；鸦片战争以后，被开辟为“五口通商城市”之一。

宁波发展国际贸易有特别好的交通条件：杭甬高铁将杭州、绍兴和宁波连在一起；甬台温铁路将宁波、台州、温州连在一起；闻名全球的义乌小商品城到宁波的交通也很方便；杭州湾跨海大桥大大缩短了宁波与上海的距离。这些都有利于宁波发挥其港口优势，2010年宁波港货物吞吐量达4.1亿吨，居大陆沿海港口第2位，全球第4位。

宁波发达的国际贸易是有强大的工业企业做后盾的，来看人民网的一篇报道《宁波工业总产10年翻了近5倍，工业总量跃居浙江省第一》：

宁波注重品牌发展，走出了一条“品牌产品—品牌企业—品牌产业—品牌经济—品牌城市”的特色发展之路，如今，该市国家级品牌总量位居全国同类城市首位，并三次荣获“中国品牌之都”称号。近年来，“宁波制造”的竞争力在品牌战略的带动下大大提升，全市有209种工业产品销售量居全国同行业前三甲，其中135种产品居同行业首位，比2003年增加了21种产品。

宁波许多乡镇还形成了一大批以传统优势产业为主导的区域性块状特色经济，促进产业集聚。据调查显示，宁波现有的140多个块状经济，占浙江省块状经济产值总量的28%，居全省第一。其中，浙江省14个工业总产值超过300亿元的区块中，宁波就占了7个。

宁波发展有两大优势，一个是宁波港，另一个是宁波帮。

宁波商人在中国近代史上创造了第一家日用化工厂、第一家机器染织企业、第一家汽车出租公司、最早的华人银行、最早的保险公司、最早的房地产公司、最早的证券交易所等100多个“中国第一”和“中国之最”。

宁波人外出经商自古有之，一般男孩到十四五岁，家中就挽亲托眷找人介绍职业，到外地商店、工厂当学徒，否则就会被人视为没有出息而遭受非议。男子背井离乡出门到外地，父母也不因恋子之情而加以阻拦。学徒3年备受艰苦，故在外经商、务工多有所成就。

宁波是著名的侨乡，有430多万宁波籍人士旅居在世界50多个国家和地区。海外“宁波帮”已成为联结宁波与世界各地的重要桥梁和纽带。改革开放的总设计师邓小平同志曾经提出“把全世界的‘宁波帮’都动员起来，建设宁波”的指示。包玉刚、邵逸夫等宁波帮企业家对宁波的发展起到了推动作用。

“宁波帮”的崛起和它的文化底蕴是分不开的。具有7 000年文明史的“河姆渡史前遗址”、世界最早的三大家族图书馆之一天一阁藏书楼、700年来最有影响力的哲学家王阳明，这些顶级文化名片都属于宁波。宁波人的创新精神早在浙东文化的学术思辨中就能找到强烈的印证。宁波的创新精神在21世纪这个知识经济时代将发挥出更大作用。

珠三角的大棋局：广州南沙与深圳前海

笔者在广州生活了近一年，初到这个城市，感觉像是到了外国，饮食和语言都很新鲜。

广州是笔者到过的几十个城市中商业氛围最浓郁的：到处都是餐饮店和小商店，报刊亭里充斥着各种广告（招聘广告、瑜伽培训、房屋出租等），繁荣的商圈也有好几个（北京路、上下九、天河北、万博商圈、江南西等）。广州有几个不错的大书店，但总的来说读书买书的人很少。感觉广州城里所有成年人都在拼命赚钱，赚了钱就买房买车吃好喝好享受生活。广州的商业气息是有源远流长的历史传统的，广州是中国最大、历史最悠久的对外通商口岸，海上丝绸之路的起点之一，有“千年商都”之称。

广州的经济有多发达呢？一个广州市的GDP顶得上埃及一个国家的经济总量，跟以色列这个发达国家也差不多，比世界上100多个国家的经济总量还要大。用“富可敌国”来形容广州是毫不夸张的，所以有的房地产商深耕广州这一个城市甚至只做广州的一个区（如番禺区）就可以赚得盆满钵满。

在广州做房地产一段时间后，慢慢就发现了这个地产市场的巨大发展空间：广州有规模庞大的中产阶层，对普通住宅（60~140平方米的两到四房）有巨大的需求；广州有数量惊人的富裕阶层，对140平方米以上的大平层、别墅和度假型房产、商业地产很热衷，频频出手购入；由于广州是华南地区唯一的国家中心城市，是广东的省会，对整个广东省以及港澳地区的有钱人来说都很有吸引力，是他们投资房产的首选地，这也进一步加大了广州楼市的购买力；跟北京、上海和深圳这几个一线城市相比，广州的房产价格明显偏低，因此能出手购买的人群数量就更大，升值的空间也更大。

广州今后重点是向南发展，广州南部有番禺和南沙两个区，南沙的地位我们可以看看霍英东先生的观点。

霍英东先生曾任香港中华总商会会长、全国政协副主席，其家族已投入37亿开发南沙。霍英东铭源发展有限公司董事长何铭思先生回忆说：

南沙位于珠江三角洲的中心点上，是当年鸦片战争的肇始地，中国近代苦难史开始之处，是一个有巨大历史意义的地方。从广州看，南沙地处南中国出海的主通道；从香港看，南沙是海外进入大陆的中门，就像是香港和广州同时托起的一块飞地，在经济上是极有战略意义的地方。如果考虑到香港在地理和历史上所起作用，特别是回归后在政治及经济上的特殊地位，作为连接广州、香港两边中点的南沙，其地位更是得天独厚。霍先生生前一直把南沙称作珠三角的“地王”。

深圳是个发达的现代化大都市，但它和厦门一样有个致命缺陷——面积太小，房地产发展空间有限，之所以不推荐厦门而推荐深圳，是因为深圳有前海。

2011年3月，紧邻香港的深圳前海开发被写入国家“十二五”规划纲要，成为“十二五”时期粤港澳合作和广东转型升级的“三大平台”（广州南沙、珠海横琴和深圳前海）之一。

前海被称为“特区中的特区”。深港经济专家郭国灿认为：“从一个小渔村到一个繁荣的大都市，深圳只用了30年时间就创造了一个奇迹，下一个30年深圳靠什么？答案很可能在前海。”

在经济发展方面，面积仅15平方公里的前海地区力争到2020年实现国内生产总值1 500亿元，到2030年实现国内生产总值2 500亿元。当前前海规划产值达到1 500亿元，每平方公里将实现100亿元的产出，相当于目前深圳单位产出的25倍，比香港时下水平高出两倍多。前面说过，房价是依托生产力的提升而上涨的，前海生产力的增长必然带动房价上升。

按照国务院的批复，深圳前海将成为珠三角的曼哈顿，而金融创新将是主打。在国家发改委批复的前海产业目录中，涵盖了前海深港合作区金融业、现代物流业、信息服务业、科技服务业、专业服务业、公共服务业6大领域共计112条产业条目。为支持把前海打造成为我国金融业对外开放的示验示范窗口，目录中金融业条目达23条，包括银行业金融机构，非银行金融机构，证券、保险、基金、要素交易市场、融资租赁、融资担保服务、离岸金融服务，以及其他创新金融服务等内容。

深圳市前海管理局局长郑宏杰指出："目前已经明确，香港的现代服务业进入到前海之后，其服务范围是整个广东。前海辐射的是珠三角5 000万人口的市场，乃至拓展到超过4亿人口的泛珠三角地区。""前海地区将成为一个'双跳板'——深圳利用这个跳板，可以走向国际，香港利用这个跳板，可以走向内地。"前海新政作为中央给香港送的"大礼包"，使深港融合再迈出历史性一步。

前海凭借良好的发展前景和规划定位，已炙手可热，许多世界知名服务业企业已慕名而来，世界500强企业就有超过100家有意落户前海，招商地产、深赤湾等深圳本地上市公司也摩拳擦掌。有评论称，从此，前海将不仅仅是深圳的前海，更是亚太金融中心的前海，是世界级的前海，"对深圳房地产市场而言，无疑具有强烈的刺激作用"。

根据国家批复的规划，前海总建筑面积2 600万平方米，其中办公面积1 200万平方米，商业面积360万平方米，居住面积650万平方米。规划就业人口80万人，居住人口30万人。

中投公司向深圳市政府书面表达了希望参与前海开发，并在前海建设999米高的全球第一高楼“中国中心”的愿望。此后，又有消息称全球顶级财团美国洛克菲勒家族计划在前海兴建一座全新的洛克菲勒中心。此外，著名国际投行摩根大通计划在前海设立远东或亚洲区总部；央企中粮集团明确表示将在前海中心设立中粮集团亚太区域总部基地。

多年来，前海的房地产市场一直不温不火。而如今，这15平方公里土地已炙手可热。定位为珠三角曼哈顿的前海，在规划图纸上刚刚浮出水面时，无论是在楼市还是股市，便开始了一轮一轮的炒作。深圳南山前海片区附近的新楼盘，尽管出租率很低，但每平方米的平均价格已经在3万元左右。

第二章　资源法则：四大资源最能保值升值

有了资源，破房子也值钱

买房是一门关于空间的学问，第一层次的空间选择是要在一线城市或核心的二线城市买房；第二层次的空间选择是要购买拥有这个城市的核心资源的区域，不同区域拥有的资源是不一样的，例如杭州城西的文教板块以优质学区房和大学云集著称，而市中心的武林门以商业资源丰富著称。

在纽约曼哈顿，风景对房价影响巨大，能看到曼哈顿漂亮夜景的公寓，有时要比景色一般的公寓贵一倍。英国伦敦的房价遵循几个原则，越是市中心房价就越贵，越是环境好越贵。比如伦敦的海德公园一号售价相当于人民币68万元/米^2，这个项目距离女王白金汉宫走路十几分钟，推门就是160万平方米的海德公园，属于富人权贵聚集之地，最贵的楼王卖了1亿英镑。

教育资源、交通资源、商业资源、景观资源是现代都市的核心资源，拥有这些资源的学区房、地铁房、CBD房、江景房就是最能保值升值、最值得购买的四类房产。

以广州为例，周边带市一级小学学位的“大龄”小户型低层楼梯楼，市场价为每平方米2万~2.3万元，而带省一级学位的“大龄”楼梯楼学位房市场价更达2.3万~2.6万元。从2013年年初开始，农讲所周边的"大龄"楼梯楼学位房，以每月每平方米500元左右的幅度在提升。有些优质"大龄"楼梯楼物业单价尽管已比年初涨了3 000~5 000元，但只要质素不错，基本都能在放盘后几天内找到买家。

其实大龄楼房的建筑本身是贬值的，但它占据的教育、商业资源是大幅增值的，所以它们的售价在不断上升，房子不好已经不是关键，大家看的是其背后的资源价值。

学区房：孩子的需求就是刚需

有不少人把学校附近的房源整体归类为学区房，这是错误的。实际上，学区房是特指那些可以享受到周边特定公立学校资源的房源，两者有本质的区别。要细看该房子是不是某学校的"片内"，买了片内房，则能享受按片入学的优惠，如果没有则只是享受离名校近的地理优势。

2012年8月，全国多地学区房开始疯狂涨价。

北京学区房房价集体疯狂涨价，10平方米平房竟"叫价"100万元。上海学区房37平方米售价高达138万元。重庆学区房租金抬高了20%，10个月租金按一年收，家长还是一房难求。长沙"学区房"租金普涨两成。郑州惊现1.5万元/米^{2}天价"学区房"，太原上演学区房租赁战……

在上海浦东新区福山路双语小学附近，学区房单价直冲4万元/米^2，而同样是黄金地段的崂山新村并非学区房，房价仅在3万元/米^{2}徘徊。一条东方路将两块区域隔开，却成就了两派不同的市场气象。

在北京城北学区房的代表小区华清嘉园（和启明双语幼儿园、中关村二小分校近在咫尺），2013年6月均价在5.8万~6.5万元。从2012年3月份开始，华清嘉园的价格一路上扬，几乎没有回调的时候。2012年12月底，这里的均价还在4.7万/米^{2}徘徊，半年后已经到了6万元了。而周边同类型、非学区房的房产在4.5万/米^{2}左右，两者差距明显。

中关村学区房的价格飙升只是北京学区房热潮的一个缩影。北京还有更贵的学区房。位于北京市二环内、西城区文昌胡同的一套11平方米的平房，只是简单装修，但价格高至230万元，2013年9月的单价为20万元/米^2。

链家地产监测了北京城六区近1 000个学区房楼盘，截至2013年8月，监测的重点小学划片内的490余个楼盘的成交均价是49 000多元/米^2，而一季度成交均价是45 000元/米^2，仅仅半年的时间，重点小学划片内的学区房房价就上涨了近10%。2013年北京商品房成交均价只有2万元/米^2，不到上述490余个楼盘的成交均价的一半。

为什么学区房涨价最厉害？

孩子教育问题成为众多置业者买房的首要考虑因素，家长都不想让孩子输在起跑线上，都想要争夺优质的教育资源，学区房因此成为房地产市场的一大主调。购学区房可以给孩子更好的成才环境，这是所有父母都期望的，有人甚至将这种行为与“孟母三迁”相提并论。

购买学区房也不失为一种投资行为，在家长们看来，只要重点小学、名牌小学不搬走、继续存在，就近入学的政策不调整，那么，学区房的升值空间将十分巨大，当孩子小学毕业之后，完全可以把升值多倍的房子再卖出去。具备名校资源的稀缺学区房很容易转手，既能获得良好的教育机会又能获得较好投资收益。

据有关数据统计，我国有26.8%的家庭存在陪读现象。由于家长的陪读期一般较长，故他们一般会要求签2~3年租约；但部分业主却只肯租1年，这是因为想来年涨租时方便加价再出租。有人的租金收入也是一笔巨大的投资收益。

学区房受国家限制房贷等政策影响不大。因为买学区房的人，目的都很简单，就是为了孩子能上好学校，所以不管市场上房价怎么变化，该买的时候还是要买的，需要租，租金再高也会租。即使经济条件差些的家庭，也会为了孩子，不惜血本。所以投资价值相对较高。

接下来我们看看购买学区房的注意事项。

如果打算购买学区房，建议早做打算。不少知名学校要求孩子必须和父母的户籍都在学区内并至少落户1年，有的甚至要求满3年。因此，在入学前3年早做打算还是必要的，但没必要过早。有些新婚夫妇买婚房时就考虑学区房，考虑过早反而容易生变。

《羊城晚报》2013年6月报道了广州学区房的调整方式：

每年3月左右，各区街道、户籍管理部门会以户籍资料为参考，向区教育局提供一份户籍在辖区内的地段生名单。区教育局依据辖区公办小学所在地、办学规模、招生人数等参数，以“就近入学”的原则，划分各公办小学招生地段。在正式报名的时候，各公办学校的老师再根据“人户一致”原则对照户口簿、房产证等信息，来判断孩子是否属于学校的地段生。

假如发现原地段内当年的适龄儿童人数超过了学校能提供的学位，就意味着这间学校的对口地段需要做出调整，某些门牌号的孩子就可能要划到3公里以内的另外一所学校。

因此我们购买学区房首先要关注权威部门的信息。

每年教育局会公布学区的划片信息，有可能会对学区划分做一些细微的调整。需要注意的是，在同一个区域内，隔着一条街道，可能就划分在不同的小学。比如，北京市区仅一街之隔的康桥水郡小区与阳春光华小区，分别属于中关村三小与万泉小学。同时，同一小区不同的楼栋，分属的学校也可能会不一样。如，中关村二小的片区中，中关村北区1~30号楼属于学区房，但其中的甲6楼不属于学区房；华清嘉园属于学区房，但其中的21号、22号楼不属于学区房。

有些开发商可能会以学区作为卖点，购买的时候需谨慎，在调查确定在此购买新房即可上重点学校的情况下方能购买，在与开发商签订合同时最好能把学区作为补充条款写进合同里。从近几年楼市的发展情况来看，将知名的幼儿园、小学引进社区的房地产项目已经越来越多，这些项目的含金量就很高。

购买学区房还要事先调查清楚目标学校的入校政策，包括入学的年限、同一套房的名额标准等，确定自己的购房行为和学校入学要求相吻合外，还可以去所在居委咨询。例如北京中关村一小与中关村三小，规定落户在3年以上才有入学资格；同一个学校不同的校部可能政策也不尽相同，如，中关村二小的科源校部有3年的落户时间限制，而华清嘉园校部则没有此限制；个别名校规定一个房子只能有一次入学名额，如万柳的人大附小。事先调查清楚，才可以规避以后买了房却上不了学的痛苦。

户口问题也是购买学区房的一个关键点。多数学校明确规定，一户只接受一名义务教育适龄儿童，还要求适龄儿童及父母均具有招生片内正式户口。因此，一定要先问清楚业主，为谨慎起见，还可与业主商量一起拿着房产证到辖区派出所查询是否有适龄儿童已经占用名额。此外，也可以在合同中约定。最后，一定要预留好办理房产交易的时间，保证在学校招生登记前办理完落户手续，保证孩子能按时入学。

原户主能否及时迁走户籍，是购房者必须与卖家商量好并写入合同的内容。有些房主卖了房子却不愿迁走户籍，新业主的户籍就不能及时迁入，为了解决子女就学而买的房子也就失去了意义。因此，在购房合同中必须增加“卖房人的户口应在付清房款前迁出”的约定。

江景房：在钢筋水泥的世界里亲近自然

“无江景，不豪宅”，这一广告语最生动地体现了江景房的地位。

棕榈泉国际公寓是2009年京城著名公园地产项目之一。该项目房子价差非常大。注明可以观景的房子价格基本在2.6万元/米^{2}之上，最高的则达到了4.8万元/米^{2}以上；而没有注明可以观景的房子，售价低的在2万元/米^{2}左右，楼层稍微高些的，也就在2.3万元/米^{2}左右。

做房地产最讲究占有资源，江景资源就是其中一种，而且是比上面案例中的公园更为稀缺的资源。

国外的发达国家或沿海的发达城市，最好的、最贵的盘，一定是在沿江地段，也是永远最增值的。

湖南大学建筑学院教授杨建觉说：

三年前，深圳规划局的一个朋友，明确说不管房地产市场怎么样，你把钱投在江边是肯定值得的。从我自己的感受来讲，长沙醒了，江景房也醒了。江景房是最有戏的，接下来的一流、二流、三流都是以它为中心，盘不在于大，重要的是有没有江景的核心资源。

事实就是最有力的证明。武汉某沿江楼盘，其一线面江的楼栋，均价在12 000元/米^2，而背后不能一线观江的楼栋，即使仅隔几十米，每平方米的售价要便宜3 000元。这直接体现出了江景资源的价值——江景房意味着身价、地位、品质。

拥有江河湖海的城市，几乎都会有江景房出现。视野开阔、空气清新、景观独特、资源稀缺以及大气的建筑风格，这也许是一说到江景房，人们为之怦然心动的原因。

有句话生动地体现了江景房的地位："江景房是城市封面，是一个城市的野心。"为了与江景搭边，很多楼盘都贴上了"观江"的金字招牌。而实际上，有些楼盘只是部分楼宇或楼层才能观江；甚至有些楼盘只有高层通过一线观江的建筑缝隙里观江。在业界，人们把这分为一、二线江景房，价格与观江尺度有关。

中国指数研究院华中分院首席分析师李国政认为："江景楼王"应该是"一线临江，位置处于中心城区核心地段，拥有绝佳景观或者所在区域具有独特的人文地理景观。另外，楼盘本身建筑有特色，品质和品牌有保障，是江边的地标性建筑，不会感觉与周边环境不协调。简单来说，就是占据了核心资源的楼盘能和谐融入江景。”

随着中国各级政府对沿江地段的系统开发加强，江景房的价值得以提升，真正发挥了土地的江景稀缺价值。上海、广州等城市的江景房开发已相对成熟，而重庆、武汉、长沙、哈尔滨等城市正在路上。

上海房产投资人韩铁涛对哈尔滨江景房的观点也适用于其他大城市：

松花江应该是哈尔滨这座城市的灵魂。但是从江北的现状来看，江景房这个概念起步较晚，没有被充分挖掘。要知道上海浦东临江的房子，最贵卖到160 000元/米^2，是全市之最。景观是一种稀缺资源，地理位置不可复制。大片的湿地和滔滔江水对于习惯了高楼大厦的人来说是一种震撼。可作为短期、中期投资选择。因此，随着松花江两岸日渐繁荣，江景房还将有着较高的升值潜力，尤其是现在价位较低的江景房。

买江景房需要注意今后潜在的视野遮挡问题。

武汉一位朋友最初因为价格原因，没有买直接面向江景的房子，退而求其次买到了离江边不远的房子。刚开始坐在阳台上确实可以观江，但随着时间推移，现在江边高层楼盘一建起来，他的家再也无法看江了。现在他只能每天出小区步行一刻钟到江边观景了，大失所望却无法挽回遗憾。

地铁房：交通便利自然房产升值

随着城市越来越大，出行地铁资源也就越来越重要、越来越值钱。

2001年，上海莘庄一带的房价每平方米仅1 500元左右，开通地铁后，房价连年攀升至2 500元、3 500元，直至4 500元每平方米，使莘庄在短短四五年时间内一跃成为上海的新兴住宅区，房价涨幅竟超过了150%。

杭州地铁线开工建设后，沿途的九堡从2009年的6 500元/米^{2}的均价涨到2010年的11 000元/米^2；临平的楼盘从5 000元/米^{2}的均价涨到了8 000元/米^2；而乔司也从先前每平方米4 000元的均价涨到8 500元。

地铁一通，不仅房价上涨，房租也跟着上涨，这是不争的事实。以南京的楼盘亚东城为例，一套100平方米左右的三室一厅，只有一些简单的设施，地铁开通前，租金在1 500元左右，地铁开通后涨到了1 800元到2 500元。房租的上涨也让人们的地铁房投资热情上涨。

按照惯例，距离地铁站点1 000米以内，商用、住宅、综合服务设施建筑，被界定为地铁物业。上海统计部门给出的说法也值得参考，距离地铁站点步行5分钟内的房子，称之为“正地铁房”；10分钟内称为“准地铁房”；15分钟内称之为“近地铁房”。距离不同，房价、升值空间也不一样。

据正合地产《第39届成都房交会数据快报》显示，地铁在购买意愿中作为价格、建筑质量、户型设计之后第四考虑因素，换句话讲，即是指在住房硬件条件之外所考虑的第一要素。

据统计，纽约、伦敦、香港、东京等城市成熟的地铁物业价格平均高于同片区30%以上。上海、广州、香港等地的地铁沿线商铺出租率为100%。

购买地铁房需要注意以下几点：

第一，目前很多城市规划了好几条地铁线，有一部分地铁规划是暂未确定的，一些站点位置仍将面临调整，如果在规划未定时过早投资导致失败，风险将由购房者承担。

第二，选择地铁房尽量要选择那些住宅与商业设施混合开发的项目，特别是那些开发体量大的综合项目，其商业、居住以及医院等公共设施一般都比较完备。

第三，离地铁过近的房子对健康有不利影响，主要是地铁产生的噪声，还有低频振动、次声、地辐射对人的影响。太原市轨道办相关负责人曾表示，沿城市轨道交通项目建设的楼盘与轨道交通项目的直线距离应在200米之外，才能保证少受地铁运营产生的噪声、震动等影响。地铁附近建筑的窗户最好采用中空双层玻璃，而非普通双层玻璃，建筑材料能有效隔阻噪声和粉尘，等等。

另外，地铁建成后往往会带来大量的人流，有私家车的市民应尽量避免选择在地铁出站口附近买房，否则每天在高峰期上班、下班时经常会遇到堵车，无疑会耗费大量时间。

CBD房：最抗跌的房产

2008年美国的次贷危机是房地产行业全球150年来最大的危机，但纽约中央花园（纽约CBD）边上的房价只下跌15%左右，而且近两年房价又迅速涨了回来，而中小城市、特别是二三线城市的房价腰斩一半的比比皆是。

CBD（中央商务区）是指城市中商业和商务活动集中的主要地区。商业和商务活动是现代都市经济的核心内容，CBD也就成了现代都市的核心区域，在核心区域的房产有极强的升值能力和抗跌能力。

美国纽约曼哈顿有着世界顶级的CBD，华尔街就是其CBD的金融区，集中了几十家大银行、保险公司、交易所以及上百家大公司总部。曼哈顿是纽约房价最为坚挺的地方。曼哈顿房产主要以公寓为主，且户型都比较大，一般一居在100平方米左右，起跳价格至少100万美元，两居在130平方米左右，起跳价格在200万美元左右。2013年有一个位于纽约市中心区且靠近卡内基音乐厅的一个新建公寓项目，起价为每平方英尺6000美元，即每平方米大约6.48万美元（约合39.64万人民币）。

日本东京的CBD新宿区域，一套使用面积55平方米的新建高档公寓，报价7 500万日元，折合人民币约470万元，如果折合成建筑面积，单价约为6万元/米^2。

上海鑫狮资产管理有限公司总裁迈克吴研究了世界各大国的房地产历史，得出的结论是：

CBD的核心区域房产，它的房价从100年的发展过程中是唯一能够跑赢CPI的。房地产业的资产饱和基本上就是GDP和CPI增速的平均值，也就是说只要中国GDP是保持8%年增长率，CPI是保持4%的增长率，北京和上海这两个城市当中CBD核心区域的房价是必定每年以最少6%的增幅上升。

中国大部分城市的CBD时代已经开启，我们来看一些典型案例。

北京的楼盘“新城国际”位于国贸CBD的最核心区，周边被嘉里中心、国贸、京广等写字楼环绕，2013年这一楼盘单价为7万~8万元/米^2。另一个楼盘华贸公寓位于大望路，紧邻着万达广场和华贸中心，周边万豪、利兹卡尔顿酒店围绕，还有星光天地等高档商场。这里的公寓也是CBD的代表型公寓，2013年均价在6万~7万元/米^2。

广州传统CBD“天河北”的房产升值潜力也很强。

2012年8月《广州日报》介绍了一个典型投资故事。2009年是房地产的低谷期，广州六运小区的商铺行情也进入了低谷期。程先生直觉看好这一小区的发展前景：天河城广场、正佳广场等大型商场带动了附近的商圈，对于其他区域的消费人群也有一定的聚集作用，而且六运小区针对白领有独有的消费模式，升值潜力较大。于是程先生果断出手，卖掉了手中仅有的两套房子，几乎全部买入六运小区的商铺，一下手就是好几套。到了2012年，程先生的商铺价值已经涨了三四倍，从每平方米7万元涨到了20多万元，光是收租一个月就有十几万元收入，其中一个商铺已升到600万元。

2012年8月，《广州日报》还介绍了广州新兴的“万博商圈”的房产升值情况。随着天河城百货、海印集团、沃尔玛等商业大鳄的相继进驻，该商圈的商业价值不断拉升，从而使得该商圈的商铺价值飞涨。万博商圈周边的商铺价2012年已经升到2万~3万元/米^2，而在一两年之前仅约1万元/米^2。随着周边楼盘居住人口的增多，预计未来5年都会是升值期。

当老城区的CBD房价已经太高时，投资广州万博商圈这样的郊区新CBD不失为一个不错的选择，但是要注意郊区利好规划的落实情况，只有利好规划不断落实才能形成新的CBD。

很多三四线城市的新区规划落实不力，或是资金不到位，或是项目不到位，或是配套不到位，或是人口不到位，这都会限制该区域的房产升值潜力。

第三章　省心原则："傍大款""爱名牌"

买房的第三层空间选择是关于楼盘的，其基本原则跟选城市是一样的——买大不买小。大盘丰富的配套设施能让你在入住后非常省心。

买房首选大盘

所谓大盘就是楼盘规模大，一般分好多期开发的那种，动不动就是几百亩上千亩的楼盘开发量。

大盘和小盘有什么区别呢？小盘是盖楼，大盘是造城；小盘是卖房子，大盘是卖生活。

2008年开始，深圳东部进入"大盘时代"。在延续以往结合山海资源进行特色开发的同时，多数开发商都纷纷兴建酒店、商业、医疗、体育等配套，不但单个项目往大体量大规模发展，开发成为齐全配套的综合性物业，多个项目之间也形成了资源共享、联合协作的关系。整个片区的产业规划、交通设施、市政配套也开始有声有色。

不只是北上广深，近些年中国各城市有越来越多大盘的出现，原因归纳起来有以下几点：

1. 经过这么多年的市场竞争，一些小的楼盘开发商由于缺乏资金、人才和技术支持，逐渐淘汰出了市场；

2. 城市化的不断发展，中心城区的土地开发趋于饱和，城市副中心和近郊地区成为开发商新的目标，这些地区土地资源丰富，为大盘的出现提供了土地基础；

3. 房地产开发商的开发模式不断地成熟，大盘开发的优势越来越明显，这也为大盘的兴起起到了催化作用。

同等的价位与居住环境下，买大盘肯定是优先考虑的。因为较小地块的楼盘本身土地资源就较为紧张，没办法拿出更多的空间来做各种配套，而大盘的地块庞大，自然就可以做更加完备的配套设置，社区医院、幼儿园、小学、楼巴、篮球场、网球场、高尔夫练习场、高级会所、书店、咖啡馆、酒吧、电影院都有可能齐全。

除了配套上的完备之外，大盘由于整体推盘时间较长，在当期房源推出之时，往往前几期房源已经交房甚至入住了，这就对整个楼盘生活氛围的营造及片区快速成熟打下了非常好的基础。例如一个大盘在推第八期，但前面七期已经交房，已有一万多人入住，整个生活氛围已经非常浓厚，业主们平常都很喜欢在公园一般的社区里健身散步，在旁边小店买点小菜小酒的也非常方便，这种细节上的方便是很多纯新盘短期内很难达到的。

下面这份网友总结值得大家选楼盘时参考：

1. 大盘一般整体社区配套规划较为完善，通常都会拥有学区、商业、会所等社区配套，可以满足业主全方位的需求；小盘灵活，不能独木成林，要依靠周边城市基础配套，内部基本缺少社区环境和相应的配套。

2. 大盘一般带学区、商业等，属于长跑选手，属于厚积薄发，长远看有价值增长提升点；小盘是百米健将，越快越好，后期无爆发点。

3. 一个大盘对开发商而言，需要丰厚的操盘经验和雄厚的资金实力，因此一期基本都会很便宜，快速地回笼资金（因此很多人认同买第一期比较实惠），对于大盘来说，现金流是否充裕，资金链是否健康比价格溢价更重要，资金链出现问题，楼盘可能烂尾；小盘房子数量少，开发商一般会选择追求量价齐升。

4. 大盘有商业、学区配套的价值提升，但是工程建设精细化程度，以及今后的物业管理都是难题，没有操作经验的，容易出事，如工程质量问题以及后期物业服务欠佳；小盘享受不到后期配套带来的增值服务，但是工程质量和后期物业相对而言会更精细化一点。

买房要选有实力的品牌开发商

正如上面网友总结所说，大盘的开发需要雄厚的资金实力和操作经验，因此大盘往往是大地产商开发的。

房子的质量及社区服务水平将会如何，很大程度上取决于开发商的开发能力、管理水平和信誉。大开发商在这些方面往往会比中小开发商更靠谱，这不是因为他们道德高尚，而是因为注重服务和品质对大开发商是最有利的。

经济学认为，人的社会行为的基本动机是谋求个人利益的最大化，诚信首先是基于利益需要而做出的一种策略选择，而不是基于心理需要而做出的道德选择。如果交易具有长期性（又称“重复博弈”），那么诚信合作的长期利益将远远大于失信带来的短期利益。

大开发商据有持续抢占空间（买到土地）的能力，这就意味着他们需要持续跟中国购房者做生意，那么他们就不能为了单个项目的利益粗制滥造、偷工减料以获取最大利润，因为一旦坏名声传出去，会妨碍他们今后通过卖楼持续获得稳定利润。

而小开发商则可能做完这个项目就撤了，既然今后不会再有买卖关系，那么“靠这个项目尽可能多赚钱”就成为基本思路，这就可能埋下建筑质量和物业服务的隐患。

时至今日，中国开发商已经进入洗盘阶段，强者越强，弱者不断被挤出一二线城市——动辄几亿元甚至几十亿元的土地拍卖是小开发商无法承受的。

在2013年9月的杭州华家池地块招拍会上，大开发商动辄加价几个亿，资金实力不够的中小开发商在土地争夺战中只能作壁上观。就连资金实力不弱的杭州本土开发商滨江地产面对财力雄厚的外来大开发商时，也无奈放弃看中的地块。

在2013年8月27日北京一场拍卖会上，所拍地块无一例外被国企和央企收入囊中。北京夏家胡同地王出让不足一月，中粮地产又以高达4.6万元的单价刷新北京单价地王。一位民营房企老总不禁感慨："在土地市场上，想打败央企和国企，太难了！"

土地的稀缺注定了中国房地产商拿地的成本会越来越高。中国宏观经济学会秘书长王建分析认为：

> 中国人口众多，可用于城市化的土地是极为有限的。这个情况下地价不涨才怪。地价涨到什么程度？咱们都知道，日本在地价涨到高峰的时候，全国的土地价值是30万亿美元，但是日本的国土面积只是中国的1/25，按照这个衡量，我大概算了一下，泡沫高峰的时候中国的土地可能要到价值2 500万亿美元这样的水平。如果我们把它削掉一半，也要有1 200万亿美元的价值。根据汇丰银行的研究资料，中国土地总值是100万亿人民币，和1 200万亿美元的总规模还相差很远，所以城市地价肯定还有非常巨大的上涨空间。

仅从地价上升的角度来考虑，中国楼市也必然会进入大开发商主导市场的时代。我们从以下一组数据的比较，就可以清晰看出来。

2012年，万科销售额达1 412亿元，绿地销售额1 078亿元，保利1 018亿元。中国房企千亿军团扩容到3家。而中海、恒大、万达分别以935亿元、923亿元、905亿元紧随其后。从百亿俱乐部到千亿俱乐部，万科用了6年，保利用了5年，绿地用了8年，2013年的千亿俱乐部榜单上，又添上中海、恒大、万达、碧桂园的名字。

2012年，全国年销售破百亿元的房企已达53家。而2010年，百亿房企才30家，两年时间，扩张速度高达76.7%。

2013年3月22日，中国房地产研究会、中国房地产业协会发布《2013中国房地产开发企业五百强测评研究报告》。据统计，2012年十强房地产开发企业销售总金额达到7 973.66亿元，占500强销售总金额的32%，占比较2011年提升4个百分点；销售面积总计8 339.3万平方米，占五百强总销售面积的36%，占比较上年大幅提升7个百分点。

市场占有率方面，十强、二十强、五十强、一百强房地产企业市场占有率在2012年分别提升至12.37%、17.12%、29.34%和35.17%，均创下近年来的最高点。

这种销售业绩进一步向排名靠前企业集中的数据结果表明，在房地产调控政策持续背景下企业的优胜劣汰在稳步推进，行业集中度在稳步提升。

相比步步高升的大开发商，近几年很多中小开发商生存状态不佳。

在楼市调控下，资金紧张，中小开发商会尽量控制成本。原本种名贵花木的，改种一般树木，还有就是地下室人防等等购房者不是很关注的区域，也会缩减成本。

在一些城市，有的开发商资金不足，在市场不好的情况下，几乎用借高利贷的方式筹钱。资金实力不够最终导致周转不灵，各种款项一拖再拖，项目面临崩盘。对购房者而言，这些开发商的楼盘绝对不能买，否则出现问题找不着人。

绍兴市民王先生在2010年年初买了城南某楼盘，当初觉得价格和地段可以，但买了以后碰到了好多烦心事，随着房产调控深入和持久，原本实力不强的企业撑不下去了。这几年老板是换了好几茬，工程进度一拖再拖，什么时候交付还不一定。还碰到了一房两卖的烦恼：前面的老板因为融资把房子质押给债主，而后面的老板不知情，又把房子卖了，导致发生纠纷。

西安南郊楼盘“橄榄湾”在五证全无的情况下，以5 100~5 500元/米^{2}的低廉价格和地处南郊电视塔附近等绝佳地段优势，在市场上引起购房者关注。很多购房者都给开发商交了30%、甚至首付50%的预付款，业主表示总计约3 000万元。然而，没想到一个月后，开发商携款潜逃，人去楼空，根本就没有动工，压根就是一次虚假卖楼。

跟开发商跑路相比，房屋质量不过关、项目规划变更是更常见的问题。

根据2012年的昆山搜房网315调查分析报告，房屋质量成网友最关注问题：在网友接触到的房产纠纷中，房屋质量安全问题和施工环节偷工减料间接造成的质量问题占到四成多，销售房屋面积与实际面积不符，从而造成购房者损失的问题也比较受网友关注。而房屋质量安全问题中最常见的是墙壁、地板开裂，水管漏水、渗水，部分购买精装修房源的网友，还存在装修与之前签订的合同装修标准不符现象。

而有的不讲诚信的开发商，擅自变更规划，买房前给客户看的沙盘、规划图是那么的美不可言，但是到了交房的时候，购房者会发现和之前的规划似乎不一样了。而且这样的情况，在一些城市的某些楼盘还经常出现，甚至得到有关部门的批准。有关部门之所以批准，是按照开发商的申请进行的，而申请更改时，开发商往往不告诉业主，根本不把业主的知情权当回事。

为了避免房产纠纷的不必要麻烦，选择一个有良好信誉的品牌开发商非常重要。品牌开发商对自己的口碑和公众形象很在意，不会轻易损害消费者的利益。实力雄厚的品牌开发商出现延期交房甚至烂尾的可能性几乎没有，也不会因成本价格的浮动而偷工减料、以次充好，来降低原本必需的成本投入，反倒更加注重服务与产品配置升级。

对于后期物业来说，品牌地产更加稳定和规范。尤其是对于知名地产商来说，其比拼物业的态势近年来是愈加激烈。显然，在品牌地产中，更能够轻易享受完善而有保障的服务体系。

很多普通购房者要么是没时间学习房地产知识，要么是临时抱佛脚的学习不够全面和深入，在这种情况下，最简单也最有效的方法就是选择品牌开发商开发的项目。因为品牌体现的是企业更好的资金实力、更强的产品营造能力、更精细的管理能力，以及在市场火爆时给产品带来更高的升值潜力，在市场低迷时更好地抵抗风险的能力。

虽然我们也能看到大开发商的负面新闻，但比起绝大部分中小开发商，大开发商还是要靠谱一些。

总之，买房选择品牌好、口碑佳的实力开发商是可以在后期省很多心的。

第四章　省钱原则：要么买头，要么买尾

最实惠的价格在“首期”

买房的第四层空间选择是关于楼栋的。一个大盘有很多栋建筑，开发商不会一次全部退出，而是把楼栋分成几个组合分几期推出。首期开盘的几栋楼里有景观和交通条件较好的，但更多的是条件差的楼栋（例如看不到景观，临近马路有噪声、粉尘污染等）。

这一方面是因为第一次开盘就买房的人是诚意度最高的忠实客户，把条件差的楼栋放在首期消化掉的可能性最大；另一方面是因为为了形成市场影响力，楼盘第一期一定要热卖，把势头造起来，这样以后几期才好卖。为了热销，首期开盘价格就会比较低，用比较差的楼栋卖低价是合理选择。

“低开高走”在房地产销售领域是常用的手法，热销势头形成之后，以后几期开盘的楼栋会逐步升高赚取利润。“开盘必特价，特价必升值”就是恒大地产一直坚持的策略。

总之，想买到一个大盘的低价房，就要买首期。

买房价格低点之“年尾”或“尾货”

楼市里常见的折扣促销有真有假，假打折就是电商们常玩的先涨

价然后再打折，开发商一点亏都不吃，还多了卖楼的噱头；真打折就是遇到业绩增长压力或资金压力，实实在在降低价格加速回笼资金。

那么开发商什么时候会真降价促销？首先是上市地产企业面临业绩增长压力的时候会选择时机降价（往往是第四季度）。

来看恒大的例子。2012年全年，恒大累计实现合约销售额923.2亿元，销售额较2011年增长14.8%。和2011年均价6 590元/米^{2}相比，恒大于2012年降价幅度明显。而这与恒大最后几个月的降价促销有着直接的关系。

纵观恒大全年销售情况，上半年，恒大销售业绩为350亿元，对于全年销售目标为800亿元的恒大来说，下半年的压力很大。降低价格来促进销售增长，是恒大颇为擅长和喜欢使用的策略。从最后几个月的销售业绩看来，效果十分明显。恒大10月合约销售均价为5 590元/米^2，合约销售面积255万平方米，环比上升75.14%，超越万科成为10月全国销售冠军房企。

大开发商降价是为了完成年度销售目标，而小开发商资金实力不强，每到年关往往面临还款压力，降价促销的可能性是存在的，尤其是过年前的两三个月。

来看深圳的例子。2010年7月，深圳房地产市场出现轰动性的降价行为。深圳龙岗中心城楼盘徽王府打出了7折的降价进行销售。徽王府对客户发出的短信称“7折售房！龙岗中心城徽王府170平方米楼王单位总价100万元”。业内分析认为，降价主要是资金实力不好的开发商，资金实力强的开发商仍在撑着。

“买尾”除了指“年尾”买房省钱，还指买楼盘“尾货”省钱。

来看2012年《房地产报道》的一则新闻：

纵观（合肥）九区，优惠幅度较大、打折促销的楼盘仍以尾盘为主，清盘销售所以优惠幅度较大。一些中小楼盘也比较活跃：垫首付、团购、送车位、送装修基金等。

房屋推入市场销售的时间越长，房地产开发商积压在房屋上的资金时间就越长，对开发商就越不利。一般来说，开发商为了尽快收回资金或为下一楼盘做宣传，会将尾房打折出售，有的尾房甚至可以拿到8折的优惠。

一直以来，尾房给人的直观感觉就是“被人挑到最后剩下的”，而事实却并非如此。专家认为，当商品住宅的销售量达到80%以后，开发商已经获利，因此一般就进入项目的清盘销售阶段，此时购买尾房往往比较实惠。

第五章　养生原则：好房子能养生

买房的最后一项空间选择是关于建筑本身的，选房子有无数的讲究，各种书籍和网络文章总结了很多，本书将这些选房标准的本质做了总结：好房子能养生。凡是不利于身心健康的都不是好房子。

城市里久不散去的雾霾、沙土、噪声等各种恶劣环境，还有那些令人谈之色变的“流感”，都让越来越多的人开始关注住宅的健康问题。因此，除了区域位置、周边配套等考虑因素外，安全、采光、通风、生态等要素也日益重要，在买房置业的过程中成为人们关注的焦点。

到底怎样的房子才是健康好宅？《别让房子谋杀你的健康》一书认为一间健康的房屋应该拥有下列10项要素，值得参考：

1. 坚固的房屋建筑结构；
2. 新鲜、清净、充足的空气；
3. 洁净、无毒、无重金属的家庭用水；
4. 低辐射的居家环境；
5. 适度的居家照明；
6. 低噪声的居家空间；
7. 控管良好的室内温湿度；
8. 保持止滑防跌及无障碍的空间（地板及楼梯等）；
9. 无毒性的装修材料；

10. 适当的火灾侦测及消防设备。

房子的“风”“水”

中国传统文化的核心是“天人相应、天人合一”，将人与自然视为一个彼此联系、互为影响、不可分割的整体。《黄帝宅经》上讲“地善、苗旺盛，宅吉、人兴隆”，中国传统的风水学说有迷信成分，但也有利于人们身心健康的科学成分。

阳宅风水最讲究阳光空气，所以选择房屋居住，非但要空气清爽，而且还要阳光充足。例如有一间阳光不足的房屋，过门便是一条既窄又长的走廊，而客厅及饭厅似乎没有窗，室外的阳光因而难以透入；这样的房屋，不论是空气与阳光均嫌不足，可说是一泓阴沉的死水，全无生机。

我国位于北半球，购房造屋历来喜爱坐北朝南，这样不仅房屋的采光条件好、暖和舒适，而且阳光辐射可以杀菌消毒，有利室内的清洁卫生，预防缺钙和骨质疏松，特别是家中有老人或儿童者，购房以东南方向最好。

通风方面风水学还忌讳卧室对着烟囱，认为会导致难产，烟囱不利于健康很好理解，因为从烟囱喷出的煤烟火屑，肯定影响呼吸系统。

买房子选楼层也跟“风水”有关，高一点的楼层“风”（空气）比较干净一点。来看《人民日报》2013年7月的报道《“9~11层是扬灰层”没根据》：

天津大学环境科学与工程学院副院长马德刚教授表示，在环境科学研究领域，并没有扬灰层的说法，也不能笼统认为建筑物的9~11层污染最严重。“大气运动是在三维空间内进行的，不仅有垂直运动，也有水平运动，以高层建筑为例，不考虑风影响的条件下，阴阳面因太阳辐射产生的对流就不同，因此很难以楼层来区分污染物分布。”

广州市环境监测站工作人员介绍说，包括PM2.5在内的粉尘浓度与楼房高度无关，而与楼房所在区域的“微气候”有关。“从地上几米到几十米，近地面的空气质量和颗粒物分布比较平稳，PM2.5浓度差别并不大。9~11层是扬灰层的说法没有科学依据。”

至于较大颗粒灰尘的分布情况，宁夏环境监测中心站副站长陈世功认为，受地表人为活动及颗粒物重力原因向下沉积等因素影响，导致楼房最低的几层空气最“脏”。根据其1992年做过的颗粒物垂直分布测试，大颗粒灰尘越接近地面分布越多、越往上分布越少。“当时做的是100微米以下灰尘颗粒的测试，是较大的灰尘颗粒。分别做了2层、4层、8层、10层这4个点，结果表明，灰尘颗粒越大、重量越大产生沉积现象越明显，随着高度的增加则灰尘颗粒浓度越来越低。”

风水学当然离不开水，古人选址建房遵循山环水抱。“水是生命之源”，水能增加周围环境中的湿度和负氧离子浓度，可清洁空气减少飘浮在大气中的尘埃，吸收地面的热量，调节环境温度，有利人体的健康。

怎样选户型

选择自己的房屋，首先要从小区的整体规划入手，对整个项目有个通盘考虑。一般来讲，能占据最多小区绿化的楼栋位置最好，因为绿化不仅是赏心悦目的景观，它对隔离噪声、粉尘，制造良好的小气候（比如湿度、温度）十分有效，也就是说绿化有利于健康。

选定了楼栋，接下来就是看户型。

很多时候我们了解要买的户型只能通过看户型平面图。平面图观看方向与我们平时看地图是一致的，也就是上北下南左西右东。掌握了这个准则，就可以清楚地辨别户型平面图的方向，并在内心建立空间模型来感觉户型设计中的空间效果。

决定户型好坏的关键是面宽进深比。

为了能准确地判断空间尺度，需要户型图上标注出面宽、进深的具体尺寸（面宽指住宅的东西宽度，进深指住宅的南北长度）。大面宽小进深的房屋采光和通风条件良好，居住舒适；小面宽大进深的房屋则会出现黑厅、黑过道、暗卫生间等问题，长期身处黑乎乎的空间会妨碍身心健康。

一套住宅应具备六大基本功能，即起居、饮食、洗浴、就寝、储藏、工作学习，这些功能根据其开放程度可以大体分为公、私两区；根据其活动特点可以分为动、静两区。

公共区：供起居、会客使用，如客厅、厨房、餐厅、门厅等。

私密区：供处理私人事务、睡眠、休息用，如卧室、卫生间、书房等。

动区：活动比较频繁，可以有较多的干扰源，如走廊、客厅、厨房等。

静区：要求安静，活动相对比较少，比如卧室、书房。

客厅、餐厅、卫生间和厨房间使用频繁的“动”区要放在进门的前半区；书房、卧室的“静”区放置在后半区。当代中国人睡眠质量普遍较差，卧室安静以保障安睡是很有必要的。“前厅后卧”是一种典型的户型结构，客厅、餐厅形成独立的空间，能提升整个户型的档次。

分析户型图各功能区时，要注意：

1. 首先看是不是坐北朝南。朝向的选择通常以朝南最佳，朝东西次之，朝北最次。

2. 整体形状方正。整体形状方正的意思，不是整套房子是一个完整的方形，而是各个房间和功能区域的形状是方正的矩形。同时整套房子看起来也大致是个矩形，同时允许有一些“溢”出来的边角。

3. 客厅的通风采光要好。

4. 客厅的设计应尽量方正，利于摆放家具。再者，应避免相连的房门过多，给人一种迷宫的感觉。客厅的采光和通风非常重要。因为它是全家生活的中心，应设置在南向，并开设直接对外有充足日照和视野的门窗。

5. 卧室不应太小且要具有私密性。主卧室最好有好的朝向，宽度不宜小于3米，面积应大于12平方米。大面积户型的主卧室应带一个专用卫生间。如户内仅设一个卫生间，那么卫生间应放在主卧室附近。总面积不大的情况下，次卧只留8~9平方米的状况很常见，这在实际的使用中难免捉襟见肘。

6. 厨房要近餐厅远卧室。随着人们饮食水平的提高，现在的炊事器具种类多，厨房需要足够的面积；其次，不宜距卧室太近，厨房门更不能正对卧室房门，而与餐厅最好密切联系，并直接对外采光通风。

7. 卫生间朝向很重要。有的户型将卫生间的开门直接对着客厅、餐厅，这样的位置摆放，在看户型图的时候，不会觉得有很大问题，但实际生活中可能就会遇到诸如室内空气不好的问题了。没有窗户的卫生间，除湿、通风完全要依赖排风设备，采光照明也要完全依靠室内灯光。节能环保还在其次，关键是卫生间是一套房子里最潮湿的房间，除湿不利会影响人的健康。

8. 有与客厅相连的大阳台。阳台最好与客厅相连，如果条件允许，阳台应大一些，能有两个就更好了。

9. 有个“万能房”。住宅是一个长期的消耗品，最好能有一间面积不大的“万能房”，可以是游戏室、儿童房、保姆间等，用来以应不便之需。

在看户型图的时候，还要找销售人员索要住宅单元平面图、小区规划平面图。规划图反映了小区的规划布局，这直接关系到所挑选户型的具体位置，涉及环境、交通、服务设施、楼间距等多方面因素；住宅单元平面体现了一个住宅单元中几种不同户型的布局，它们之间的关系则影响到具体每个房间的采光、通风、私密性。有没有对视、遮挡，以及邻里关系、电梯噪声影响对这套房子影响大不大等问题都能看出来。要是卧室距离邻居的窗户太近，近在咫尺，等于是在别人的监视或监听下生活。

很多户型图上，主要信息是某一住宅的单元户型图、占据版面起码70%的画面，而整层的平面图则在画面中不被注意的一小角上——千万不能忽略这难以注意的一小角，看清楚从电梯或者楼梯出来后怎样走进自家门还只是小菜一碟，万一自己的厕所正对邻居家的阳台就太不合适了。

看完住宅单元平面图和小区平面规划图，可以规避的麻烦还不止上面说的这些。家中若有老人、儿童、体质虚弱、慢性病患者，不宜购买街沿巷口，或处在整幢建筑中突出部位的房屋，因为这类房屋位置外露、无遮无挡，受外界气候变化影响较大，如雨水冷风侵袭、冬季或夜间时，室内温度要比其他部位房屋低许多，而到了夏季则室内又特别炎热，使得机体发病的可能性大大增加。

总之，学会看图选房，有利于今后全家的健康！

附 录

附录一 买房拿更低折扣的时机与方法

几乎所有楼盘在开盘前都要经过一个储客的过程，此时开发商虽然还没有最终确定售价，但由于对市场反映“心里没底”，会为前期登记的买家提供比较低的折扣，通常的广告语是“现VIP登记开盘可享额外××折”。

一次性付款是最受开发商欢迎的，他们会为此提供优惠折扣，如果你的资金实力强，可以选择这种方式拿折扣。

团购餐饮、电影票大家都经历过，颇为实惠，团购买房也可以尝试。参加各大报社或房产网站组织的团购，可以拿到更低的折扣。

买楼时找老业主介绍，也是一条拿到较低折扣的可行之道。目前许多楼盘卖楼，都有推出老业主介绍额外折扣、免买家和介绍人一定年限物业管理费、赠送大礼包等优惠。

如今做什么事都靠人脉，买房自然也不例外。认识楼盘开发商内部人士，通常可以通过其获得额外的优惠。像项目经理、销售经理等甚至更高级的管理层人士手上，往往握有更大的购房折扣审批权。

附录二　库存与买房出手的时机

判断买房出手时机，可售新房的库存周转率和城市土地库存是重要指标。

2012年10月，一位在深圳买过4套房的网友总结了他的买房经验：

比如说深圳，2008年，可售新房库存最高曾经达到5万套，目前约3.9万多套。如果不继续加入新房，深圳目前消化全部新房需要18个月左右。深圳目前的这个库存还是相对合理的。

但有些城市，这个库存周转时间，已经超过24个月，甚至达到36个月、48个月。库存太大，房价便很难涨上去。

现在利用这个库存数据，可以成为买房的参考。新房库存太大，则不用急，涨不上去。一旦库存降到18个月以下，甚至更低，因为买房者的选择减少，则房价又可能转为上升。这个时候，如果需要买房，可以考虑果断出手。

附录三　买房者与开发商斗智的五个关键点

楼盘配套要亲自考察

在选择房源方面，综合比对交通、配套、环境、学位等因素，更是需要下一番功夫。腾讯大粤网上有篇报道介绍的考察思路值得大家借鉴：

L先生当初在选择现住的楼盘时，多次实地考察，还特意跟附近的摩托搭客司机了解这个楼盘的口碑；在楼盘宣称的“快速接驳地铁1号线”卖点上，自己也去亲身体验过几次，“买楼一定要亲力亲为，我目前的小区公共交通出行方面其实不算太方便，需要搭公交接驳地铁，不过我可以坐公交车就能到公司，所以还算可以接受，以后只能期望买车来改善了。”

此外，楼盘还有一个教育配套的卖点：外地人购买住房面积在80平方米以上的可以免赞助费入读学区房，楼盘附近的小学正是周边项目都在宣传的教育卖点，为此，L先生也特意在学校开学招生的时候去咨询，确定了自己的小孩符合入读条件后才更加坚定了买房的信心。

项目模型往往“趋利避害”

楼盘销售常用的一些说法如下：

房子在偏远地段，可以是“远离闹市喧嚣”；

地处郊区乡镇，可以是“回归自然，享受田园风光”；

挨着个臭水沟，就是“绝版水岸名邸，风水绝佳”；

地势高就是“视野开阔，俯瞰全城”，地势低就是“招财领地，聚福纳宝”；

旁边有家学校，吹成了“学术氛围，人文景观”；

距某某地10分钟车程，是指时速120公里以上，且没有红绿灯的情况下。

考察区域模型和项目模型时，最常遇见的问题是改距离。开发商会将配套设施距离楼盘的位置篡改数百米到更加有利的位置。比如有学校、公交站、地铁站、大商场、大医院、大酒店、写字楼、菜市场、酒吧街、电影院……这些好东西都是“可以有的”，而且要距离近。

有的时候开发商会把对其不利的市政设施的距离改远或干脆在模型上不显示。所以购房者还需要自己去了解有没有对健康不利的设施（包括规划中的设施）：

位于快速交通要道、高架道路附近的房屋，因经常面临大量的噪声、废气等刺激，对人的健康就较为不利；

过于靠近高压电线、大型变电所、强力发射天线、高亮度泛光建筑的住宅，因各种辐射、电磁场的影响和干扰、光污染，就很容易引起人的情绪烦躁、失眠不安等异常；

靠近殡仪馆的房子不要买；

不要住在工厂、工业区旁边；

不要跟加油站做邻居，一方面怕爆炸，一方面车太多空气和噪声污染多；

按摩院、酒吧、KTV、汽车旅馆进出人口会比较杂乱；

住在垃圾场旁边会有异味，垃圾车会有噪声；

紧挨着小学、幼儿园早晨会比较吵。

样板房比你买的房子更宽敞

除了户型图，看样板房也是了解自己要买的房子的关键手段。

几乎所有的楼盘都设有样板房，样板房无疑成为开发商手中最具“杀伤力”的销售道具，房地产发展商不惜重金把样板房打造得美轮美奂，最大目的就是让购房者产生购房冲动。

作为购房者在参观样板房时也要注意，以防受到商家的欺骗。最关键的一点是样板房总是会显得更宽敞。

首先，有的开发商会将样板间做得比实际房更大一些、更高一些，参观时要注意样板房的尺寸比例是不是1∶1。不妨用米尺量一量，或以房间内长、宽方向的地砖数量折算一下房屋的面积，要问清房子的使用率是多少。有的样板房在装修中采用强光以及周围壁板的反光效果、天花板的穹宇效果以增大房屋的空间感受，这也会造成实际交楼后感觉房子不如样板房大。

其次，样板间的每个家具、每件装饰都很恰如其分，可是当购房者摆放自己选购的家具时，会发现空间突然变得拥挤起来。因为很多样板间没有摆放洗衣机、电冰箱、热水器等大家电，这样就会显得空间宽敞。还有一些开发商会在样板房放上一些特制家具。比如很多楼盘样板房的衣柜厚度只有30多厘米，而正常衣柜厚度一般不能少于45

厘米；双人床只有1.35米宽，1.9米长，而正常的双人床要达1.5米宽，2.1米长。因此，在参观样板房的时候，要注意家具的尺寸是否符合市场的规格。

第三，一般情况下，出于完善装修效果的考虑，样板间一般不会设置水、煤气、暖气等管道线路，样板房的居室，尤其是厨房、卫生间就显得十分敞亮。样板房里不用做上、下水的考虑，因此，房间里也不会出现粗大的下水管和暖气管线，空调也是摆设，用不着穿墙破洞。而当消费者真的拿到现房时，那些铸铁管往往会无情地纵横在眼前。

最后，样板房的空间开阔有时候是促销手段。成都长源建筑设计事务所有限公司一级建筑师扈炜认为："只看样板房就决定买房本身就是错误！现在很多样板房都是玩概念，不实用。最常见的手段就是将某些功能空间相互贯通，敲掉一堵墙让空间更大气。当你也这样去改造后，会发现家庭成员在不同的活动中相互干扰很大。"

空间问题之外，如果参观实体样板房，可以关掉音乐、灯光，打开窗户，看看实际的采光、噪声等情况。

还有就是样板房总是精心打造的，开发商往往不惜重金，而我们自己装修受费用限制，效果就会比不上让你怦然心动的样板房。建筑师扈炜透露："其实，你看到的整个空间都是通过装修做出来的。有的楼盘样板间仅设计费就要几万元，有的样板间仅桌上的台灯都是两三千元一盏……"

看样板房必须弄明白它是不是交房标准。

很多购房者在买房前都有意无意将样板间作为交房标准，但样板间是可能与实际住房存在一定差异的。《商品房销售管理办法》第三十一条规定："房地产开发企业销售商品房时设置样板房的，应该说明实际交付的商品房质量、设备及装修与样板房是否一致，未作说明的，实际交付的商品房应当与样板房一致。"一些开发商在商品房买卖合同后面附补充约定，说明样板间不作为实际房屋销售标准，而是以最终实物为准。作为消费者在购房时可以提出要求和开发商做明确约定，今后实际房屋和样板间的差异，可作为购房合同中的补充条款给予明确规定。

即使开发商声称一些装修效果是一致的，消费者也应在合同中详细约定相关内容：首先，无论是毛坯房还是精装修，都要特别清楚地规定房屋的可使用面积和实际高度。其次，对于精装修房还要特别注意：要约定装修使用涂料、地砖、防盗门等设施的品牌、型号、质量、标准；如果开发商配送冰箱、整体衣柜、橱柜、卫浴产品等，要约定好产品的品质、价位或品牌。最后，还要考虑到验收方式以及出现违约如何处理等。

购买五证不全的房产有巨大风险

买房买出大麻烦已经不是新闻了。大家千万不要购买有争议的房屋、不买没有房产证的现房，不买没有“商品房预售许可证”等五证的预售商品房。

“五证”一直是购房者关注的问题，也是最让人防不胜防的，或者是开发商把价格压低来博取卖点，通常情况下会低于五证齐全的房子约20%；或者是用过期证、假证来顶替。

购房者在购房时应要求房地产开发商和销售商提供齐全的“五证”“二书”，这是法律对销售方的基本要求。“五证”是指“国有土地使用证”“建设用地规划许可证”“建设工程规划许可证”“建设工程施工许可证”（建设工程开工证）、“商品房销售（预售）许可证”。“二书”是指《住宅质量保证书》和《住宅使用说明书》。交房时还需要有一表：竣工验收报告表。

在签订房屋买卖合同之前首先要审查开发商提供的五证是否齐全，审查时需要特别注意的是五证的用地单位、建设单位及销售单位是否与实际的售楼单位一致。

"五证"中最重要的是"国有土地使用证"和"商品房销售（预售）许可证"，两者表明所购房屋属合法交易范畴。"国有土地使用证"是证明土地使用者向国家支付土地使用权出让金，获得了在一定年限内某块国有土地使用权的法律凭证。"商品房销售（预售）许可证"的预售范围为本项目可销售楼盘，购房者务必看清购买楼层是否在预售范围内。

销售的房子如果五证不齐全，不但办不出产权证，连签订的预售合同都无效。一手房实行网上合同备案操作，五证不全的房子即使买房人付了钱、签了预售合同，也不能在房地产交易中心做网上合同备案登记。万一开发商又把这房子卖给别人，纠纷就来了。另外，如果开发商最终办不齐五证，买房人就不可能得到房子产权。

住宅质量保证书（保证房屋基本设施如墙体、梁柱等）和住宅使用说明书（包含工程分布图、管道排放、线路分布等）可以作为商品房买卖合同的补充约定，并且是房地产开发企业在商品房交付使用时，向购房人提供的对商品住宅承担质量责任的法律文件和保证文件。

据《三晋都市报》的报道，随着太原市城中村改造加快实施，许多开发商在进行楼盘项目开发的同时，将楼盘销售权外包给销售公司。这些销售公司有营业执照，看起来售房显得很正规。但营业执照不能代替"商品房销售（预售）许可证"。房管部门规定，没有"商品房销售（预售）许可证"的楼盘不能交易，开发商选择外包销售，目的是为了逃避办理"五证"，销售公司无疑为不良开发商提供了便利。

"五证"有问题将导致购房合同无效，合同无效的后果是双方返还，也就是购房者将房子返还给开发商，开发商把购房款返还给购房者。如果正处在房价"稳中有升"的形势下，不良开发商往往以此为借口确认合同无效，最终受损失的还是购房人。

《中华工商时报》报道过这样的案例。

太原市工商银行某支行的职工，曾经与山西宝地房地产开发公司开发的位于五一路59号的一处某楼盘，以每平方米2400元的价格签订了团购协议。协议签署后，职工们很快支付了全部房款，但这时的"商品房"还是一证都没有的"违章建筑"。后来当房地产市场的形势大好，房地产开发商就果断地单方面终止了合同：宝地房地产开发公司通知团购的职工房子不卖了！在购房者的一再要求赔偿的情况下，开发商所做的让步也极为有限：最终也只是在原订合同价的基础上另外支付一年的利息而已。

购买五证不全的楼盘还存在很多其他风险。

很多开发商将项目和土地抵押在银行以获取开发资金，一旦销售缓慢，资金回笼出现问题，欠贷不能偿还，银行有获得房屋的优先权。因为没有预售许可证，购房者就无法在房产局办理房屋预售登记，购买权就无保障，不能对抗银行的优先权。此外，如果开发商拖欠施工方工程款而导致该项目被拍卖，交了房款的购房者同样不能对抗施工单位。没有预售许可证，购房者还有交付房屋日期没有保障的风险。

总之，购买五证不全的房子相当于跳进开发商挖好的大坑。买房是终身大事，千万别在这种大事上抱有赌一把的心态。

商品房改造的法律陷阱

这方面的真实案例不少，来看2013年6月《长江商报》的报道《多家楼盘设"LOFT"陷阱，洪山工商已立案调查》：

风险：加层多属违建，不受法律保护

在雄楚大道附近，一楼盘的部分房源层高为5.2米，开发商在宣传中打出了“买一层得两层”“一层办公、一层自住”等广告语，画册上还有上下两层户型装修效果图：建筑面积50余平方米的房子除去公摊，使用面积达到80平方米左右。这种“LOFT”产品均价在1.2万元左右，按照80平方米的使用面积计算的话，比周边9000元左右的房价还真的“便宜”了不少。

工商人员在进一步调查中了解到，此类商品房交房时只有一层，如果要盖两层，需要消费者自己操作。“即便通过装修改造加层，这些面积也不能写入房地产证，不受法律保护，不能用于投资、抵押，拆迁时也不会得到补偿。”昨日，洪山区工商局公平交易局有关执法人员表示。

该执法人员介绍，各地均有相关规定禁止改变房屋装修结构，但由于购房者对相关法规和政策不了解，购房者很少会向相关主管部门、消防部门申报，即使申报也很难通过。“因此，擅自改变房屋结构（如隔层、搭建等），按照相关规定，不但要拆除，还要冒被处罚的风险。”

合同：责任由消费者自行承担

尽管在广告宣传中使用“买一层送一层，一层用于办公，一层用于居家”“LOFT商铺，下开店上居家”等是“LOFT”产品开发商宣传的卖点，但实际上开发商对禁止私自更改房屋结构的规定十分清楚。

洪山工商部门在某楼盘检查“LOFT”广告时发现，该楼盘在广告里打出“买一层得两层”的口号，但在购房合同中却又规定：“买受人的房屋仅作商务（办公）使用，买受人使用期间不擅自改变该商品房的建筑主体结构、承重结构和用途。”

“这样的合同条款在产品销售中有意回避或给消费者不同的解释，消费者一旦因擅自进行加层产生法律后果，开发商可根据合同中的这一条款避责。”工商执法人员表示。

附录四　二手房砍价技巧

浦东某中介门店店长兼做“砍价师”，依他的经验，“跟开发商谈一手楼价难，跟二手房房主谈就容易多了”“二手房没底价，全看房主心态”。现在开发商新开的楼盘一般成本较高，在公开折让的基础上再打折的空间不大，而二手房“中介报的价多半不是房东给的底价”。

买二手房切记要隐藏对所看房屋的喜好程度，再有好感也不要轻易流露，越是漫不经心房主就越心虚，心虚自己挂的房屋卖价是不是合理，方便后面的杀价。

购房者先向销售人员表现出一定的购房意愿，并举出几个同类的物业，说明自己正在其中选择。告知对方已看中其他房子并已付订金，但亦喜欢此房子，是否能再便宜点以补偿已付出不能退还的订金。

在洽谈中，购房者应多挑出房屋的各种缺点、毛病，略微夸大它们的危害性，还要流露出担忧，同时要注意观察对方的表情，及时调整策略。

可以告知能力有限买不起，要求再便宜一点。若是价格砍不下来，购房者可以以“我再考虑考虑”作为缓兵之计。或告知自己很满意，但家人有其他的想法，如果房价便宜则可以解决问题。只要还有降价空间，销售人员是不会轻易放过一个客户的。比购房者的时间更宝贵的是中介或房产商的时间，故意拖延时间，慢慢磨，将主动权掌控在自己手上。

急售二手房的业主通常是急需资金，只要买家愿意快速成交并一次性付款，价格会比市场价低10%左右。而房产中介人员的砍价功能也不容小觑，通常一套房通过中介砍价5%是没有问题的，中介为了促成成交也会为买家争取更多的价格优惠。

《新闻晨报》提供的案例值得大家学习：

每次替人砍价，砍价师李先生都会先去探听房东为什么要卖房。他说，卖房的原因决定了房东的心态急还是不急。李先生很得意年初时帮客户以低于市场价近20万元的价钱买下世纪公园附近一套房，当时房子报价305万元。在和房东聊天时，他了解到，房东儿子在国外念书急需钱，自己生意资金周转也出现问题。于是，李先生建议客户报价285万元，最终成交。

总之，遇到心仪的二手房，不轻易流露于户主眼中；请中介帮忙砍价，等等都是购买二手房必须掌握的诀窍。

附录五　商业地产投资基本原则

从近几年的房地产调控政策基本倾向来看，打压住宅的投机或投资是重点。如果对住宅投资有所顾忌，那么还可以考虑不限购、不限贷的商业地产的投资。

商业地产广义上通常指用于各种零售、批发、餐饮、娱乐、健身、休闲等经营用途的房地产形式。商业地产的形式多样，主要包括购物中心、百货、超市、商业街、主题商场、专业市场、写字楼、酒店等。

伴随着城镇化进程，中国正在进入商业地产高速发展期。2013年5月，世邦魏理仕发布的最新研究报告显示，目前全球在建购物中心面积达3 200万平方米，同比增长15%，达历史最高水平。购物中心开发主要集中在新兴市场，中国在建购物中心面积占全球的一半以上（1 680万平方米）。

中国7个城市位列全球十大最活跃购物中心开发市场，包括成都（290万平方米）和天津（210万平方米），紧随其后的沈阳、重庆、武汉、广州和杭州，未来三年都将分别交付达100万平方米以上的购物中心。

据搜房网数据监控中心统计显示，2013年4月北京商铺成交面积为13.8万平方米，环比上涨294.11%；成交均价为26 886元/米^2，环比上涨24.29%。

以上两段的数据反映的是商业地产的投资热度主要集中于核心的一二线城市。这是因为只有在少数人口不断流入的核心城市才需要庞大的服务业，才能消化众多的商业物业。而在三四线城市，商业物业很容易出现过剩现象，投资一定要慎之又慎。

商铺投资的核心指标是地段

商铺投资主要看地段。

地铁带来大量人流，是好地段的一大象征。香港70%的购物中心都是紧邻地铁的。香港的大商场大多在地下层开设通道直驳地铁站，直接引导消费者进入商场，九龙塘地铁站的上盖商场又一城广场是典型的成功案例。

另一种与地铁产生直接经济关系的商场就是建设在地铁站半径范围500米以内的建筑。由于地面上的交通比较便捷，周边设有地标式的建筑和景点，如休闲广场、公园等景点，能吸引大量人流带有目的地走向该商业网点，因此这样的商场更具消费吸引力，并成为外地游客的主力消费场所。

车站、剧院、电影院、公园等娱乐场所附近，或者大公司、机关附近也有很不错的人流，这样的地段也具备临街商铺投资价值。

商铺投资有个简单的办法，即购买著名连锁店或品牌店附近的商铺。例如，如果你的店铺就在“麦当劳”“肯德基”的周围，那么餐馆会很有兴趣来租你的店铺。因为这些著名的洋快餐在选择店址前已做过大量细致的市场调查，挨着它们开店，不仅可省去考察场地的时间和精力，还可以借助它们的品牌效应“捡”些顾客。卖场如家乐福、华润、苏宁、国美也都有这样的品牌效应。

地段选定之后，下一个要考虑的因素是：在商场越来越多的情况下，有个性的商场投资获利的可能性比较大。

香港青衣城商场以海洋为主题形象进行包装。中庭位置和询问处是轮船设计，餐厅竖起了帆船桅杆，两部扶手梯中间像百舸竞渡，整体商场充满了海洋气息。鲜明的形象主题，容易在消费者心中留下深刻的印象，使商场在商品同质化严重的商业市场内获得形象和档次的提升，是吸引消费者定向消费的主要卖点之一。

笔者曾经参与广东一家小商场的商铺销售推广工作。一位领导将商场命名为“同萌汇”，主要经营少女喜欢的漂亮或新奇的服装、玩具、饰品。在“卖萌”流行的当今社会，这个命名和定位显然是有差异化优势的。

还有一个关系到投资回报的重要问题需要了解。商铺销售分为两种，一种是招商先行或租售并举，这可以解决你买了商铺之后如何租出去的问题，另外统一的定位、推广、招商、管理有利于商场长期稳健的发展；另外一种情况是只售不租或先售后招商，这会让开发商失去招商主导权，想象一下几百个商铺群龙无首，各自为政，肯定会让商场的经营业态出现混乱局面，使得业主和入住商家无法得到期望的投资回报。

为解决商铺投资者购买铺位后租不出去的顾虑，很多开发商会承诺出售商铺后几年内保证返还一定百分比的租金。但开发商在进行“售后返租”的时候，往往会提升其产品的价格，正所谓“羊毛出在羊身上”。比如，一个本来市场价只值2万元/米^{2}的商铺，开发商将售价提高到4万元/米^2，并承诺5年包租，年收益8%。这样开发商赚得更多。投资者可以把返租收益扣除后看看自己到底是以每平方米多少钱的价格买到商铺的。

商铺投资的一个重要方面是花几年时间“养铺”。投资者可以通过‘养铺’取得租金、房价双双上升的叠加收益。下面这个案例非常值得大家学习。

专注于南京商铺投资的温州人姜先生，被炒铺圈内人士公认为“养铺高手”。他手头总有七八个铺位不急不躁地慢慢培育着，取得了比很多短线炒铺者高出数倍的赢利。

姜先生总结说“养铺”如“养猪”：你看我投资商铺的过程真还就像养猪，先精挑细选价格便宜但将来极可能“长膘”的商铺回来，然后慢慢而耐心地养着它，不是谁出价高就租给谁，而是精心给它选合适的“食物”，尽心培育着它升值“长膘”，最后在真正养肥升值后再从容卖掉它，然后又进行下一轮的类似“饲养”过程。

姜先生喜欢投资产权清晰、可控性和自主性很强的街铺。商厦的分割铺位由于位于商厦内部，会受到商厦管理者经营思想和经营水平的制约，还会受到商厦内其他经营者的影响。

姜先生把自己的“养铺”计划分为三个阶段：

在居住区刚建成的两年里，他会选择引进经营装潢、五金、电器或建材等业种，这是居民们最大的商业需求。

而在两年以后，房屋入住率达到一定水平之际，人们需要的是零售业的服务，此时大型零售企业尚未进入，姜友年会选择把商铺出租给便利店。

而当商业街进入成市阶段以后，主力商业纷纷进入商圈，姜先生会给商铺设定个性化强、代替难度高的业种，如时装店、鞋店、饰品店。这样做除了避免与主力商业正面竞争，减少出租风险之外，更重要的一条是为了提高商铺的租金而引进边际利润高、租金承受能力强的业种，租金高的商铺售价也会上涨。

这样的“养铺”思路让他的商铺的租金和售价都稳步上涨。所以，投资商铺，前期调查、耐心和智慧缺一不可。

写字楼投资基本要点

企事业单位在选择办公地点时，往往会考虑商圈的价值。例如北京的中关村、广州的天河北都是顶级商圈，写字楼的售价和租金也是顶级的。地段是衡量一幢写字楼的档次和是否具有投资价值的首选要素。

写字楼的租户主要是公司，他们需要与其他企业保持业务的往来，需要毗邻交通要道，路况良好，交通方便，商业气氛好，写字楼周边需拥有星级酒店以及酒店式公寓、高级咖啡厅、娱乐中心、休闲会所、高级中餐厅、西餐厅等商务休闲配套设施。

如果希望投资的写字楼有巨大的升值空间，那么最好选择正在发展中的商圈的写字楼，当然这挺考验投资者的判断力，毕竟有的商圈建设口号喊得震天响，但最后未必真的能繁华起来，或者发展时间需要很长。

房产咨询公司仲量联行的调查报告显示，购买和租赁中，写字楼用户对产品品质上乘的关注点集中在电梯等待时间短、空调舒适、智能化设施良好、停车位多、得房率高等层面上，所以市场上在售的写字楼也多以能看得到的高端配置来吸引买家。

投资过程中必须仔细考察写字楼的种种硬件设施。既然是满足办公需求，就要选那些网络、通信设备配置较高的楼宇。在电梯数量和速度上，一般每4 000平方米一部电梯，平均候梯时间在30秒左右为甲级标准。车位紧缺是目前写字楼物业面临的最大问题之一，为吸引租户作长远投资打算，选择的写字楼车位配置至少有1∶1以上，并配备足够的地上访客用车位。大堂的品位和档次也是体现写字楼品质的一大关键。

好地段和高品质之外，物业公司也要有高素质。

投资者一定要对写字楼的物业管理公司也进行考察。因为在此后很长一段时间内，投资者要接受这家公司的服务，同时租赁房也要接受他们的服务。专业管理办公楼的物业公司，能给楼盘一个良好的内部环境，对大厦的设备设施有较好的维护，保证长期使用，对保证物业口碑、提高出租率、保持租金水平非常有效。第一太平戴维斯、戴德梁行、高力国际等知名公司管理的写字楼的物业水准值得投资者信任。

1997年亚洲金融风暴期间，香港的经济指数大幅下跌，有的写字楼几乎人去楼空，在这种情况下，那些服务水平较高、口碑较好的写字楼仍保持了较高的出租率，这充分体现了管理巩固价值、管理提升价值的软性作用。

投资写字楼当然是为了赚钱，市场上比较认可的写字楼的投资回报率是8%~10%之间，如果估算的回报率能达到这个数值，则较适宜投资。

购买写字楼之后的大事就是出租写字楼。签订一份长期合同的话，能够做到一劳永逸，但这对你的收益是不利的。现在很多城市的写字楼租赁市场行情是在慢慢走高，如果签订长期合同的话，投资者会无法享受到租金上涨带来的收益。在签订出租合同时，不要签太长时间，两三年即可。

需要注意的是，投资写字楼需要很高的首付能力和强有力的还款能力。跟住宅相比，写字楼的银行贷款利率高，成数少，年限短。另外，还有购置物业的税费、出租所涉及的税费、房产税、首次出租的高折价、物业管理费用、自己的管理费用、装修、家具、房屋折旧费用等需要交纳的各种税费，约占投资额的20%。

最后需要提醒大家，相比住宅地产，目前中国很多二三线城市的商业物业供应量大增，相较住宅地产风险要高得多。

以成都为例，根据世邦魏理仕发布的2012年成都房地产市场数据，成都办公楼市场净吸纳量达到40万平方米，同比增长8%，但新增供应量98万平方米，同比增长69%。在巨大的新增供应的压力下，2012年成都优质写字楼空置率被推升至34.6%，较2011年增加8.8个百分点。

2012年一线城市的办公楼空置率为7.94%，二线城市办公楼的空置率高达20.7%，而成都在全国11个二线代表城市中，办公楼库存量最高，接近400万平方米，空置率也最高，达34.6%。笔者定居的城市杭州也是经济发达的二线城市，但如今也面临商业地产开发过快、消化不良的境况。

在电子商务时代，投资商业地产尤其需要精心选择投资的城市和地段。

能与互联网的购物便利性抗衡的，是紧邻住宅区的街铺，经营便利店、饭馆都会有不错的生意。2001~2011年，日本百货店市场规模整体下降了29.8%，大型超市大幅度萎缩达到28.2%。在这十年中，有所发展的包括便利店、药妆店和无店铺销售（包括通信销售和网络销售）。2012年日本零售连锁企业的前10名便利店占一半，便利店行业还以140万日元/米^{2}的营业额高居各种零售业态的榜首。

此外，在这个人群快速移动的时代，投资人流量大的十字路口的店面，经营可带走的速食，也会有不错的生意。

买房思考流程图

（以天津武清区示例）

北京一位姓孙的朋友想在天津武清区买房，请笔者帮忙分析一下。笔者将这份方案放在书的最后供读者参考，并做了进一步补充。

想买房的朋友可以看看一个房地产分析师是怎样做购房判断的，大家在自己买房时可以参照这个思路来做分析。

买房与供求关系图

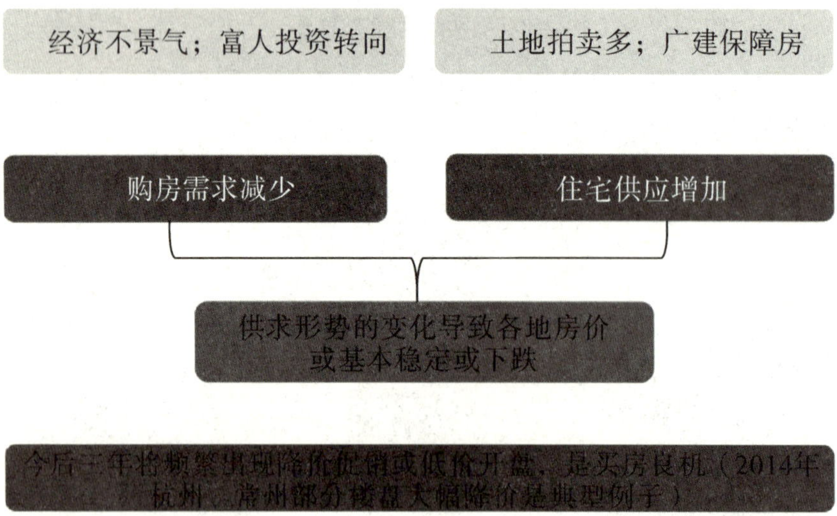
经济不景气；富人投资转向
土地拍卖多；广建保障房
购房需求减少
住宅供应增加
供求形势的变化导致各地房价
或基本稳定或下跌
今后三年将频繁出现降价促销或低价开盘，是买房良机（2014年
杭州、常州部分楼盘大幅降价是典型例子）

买房是一连串的空间选择

1 选城市：中国城市发展前景将明显分化

2 选板块：城市的不同板块拥有的资源差别很大

3 选楼盘：买房首选品牌开发商的大型楼盘

4 选楼栋：买首期开盘或四季度开盘的楼栋最实惠

5 选房子：面宽进深比是户型好坏的关键

一、选城市

中央城镇化工作会议很重要

会议决定以城市群作为中国城镇化的主体形态城市群肯定是以一二线城市为核心的，这对我们买房保值或升值有重大意义

据中原地产统计，2013年前11月，标杆房企在一线城市土地购入金额达905亿元，同比上涨119%，而在三四线城市仅购入147亿元。这说明中国最顶级的房地产企业一致看好核心城市房地产的发展前景。

一二线城市仍将汇聚每个城市群里最好的经济、教育、文化、交通等资源，对资金和人口仍有最强的吸引力，源源不断的人口和资金流入带来房产的保值或增值能力

也可在城市群里选择紧挨着核心城市的三四线城市买房,未来城市衰落可能性小；在三四线城市买房要注意尽量靠近市中心，因为新城区开发可能因缺钱、缺人、缺产业而失败

京津冀都市群以北京和天津为中心

天津是制造业发达的二线城市，2012年、2013年GDP增速全国第一，2014年国家决策层全力推动京津冀一体化，天津经济发展必将受益。

买房保值或增值的核心原理

天津是华北人口、资金持续流入城市，2013年前11月商品房成交面积同比上涨30.5%，11月全市成交均价10 781元，创历史新高。

结论：天津是适宜购房的城市。

二、板块分析

资源

武清的区位优势得天独厚：

与北京接壤，城区距北京市区71公里；距天津市区13公里。

现代化交通资源丰富：

京津塘、京津、京沪、津保、津蓟5条高速公路；

京津城际铁路在武清城区设有天津段唯一经停站，23分钟到北京，11分钟到天津站；（优越的区位条件和交通资源决定了武清经济必将受益于北京、天津的城市一体化）

买房享受顶级教育资源：

武清买房可送蓝印户口，总价超过40万元全款买房就可让孩子享受一线城市的教育资源以及较低的高考录取分数线。

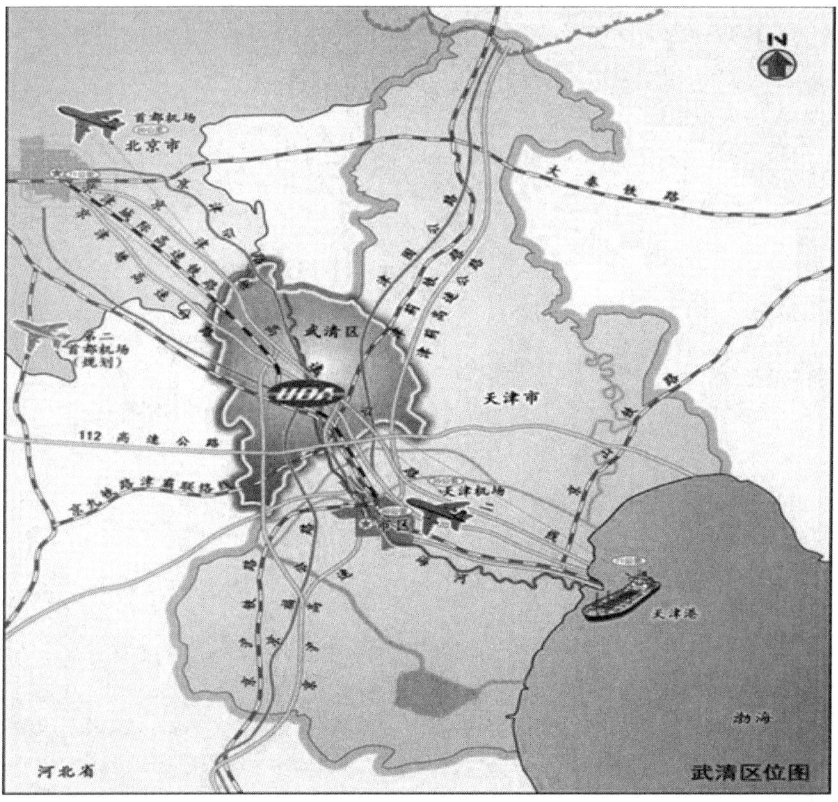

武清区位图

房价

武清

2011年住宅成交均价6 038元/米^2，是天津16个区县中最低的；2012年达到6 251元/米^2；2013年上半年成交均价6 704元/米^2

周边

2013年上半年天津全市成交均价10 080元/米^2，同样紧邻北京的河北固安成交价为每平方米7 000~8 000元

武清房价仍有上涨空间

供求

截至2013年8月31日，天津的住宅可售面积为2 041万平方米，需要20个月来消化，明显供大于求。

武清土地市场成交持续火热，说明开发商看好这个板块：

2011年，武清土地市场成交面积为1 071万平方米，占天津全市土地出让面积的18%；

2012年，武清出让土地1 547.7万平方米，在天津各区县中排名第一；

2013年上半年，武清住宅土地成交面积占天津全市的22%，在各区县中排第二；

武清商品住宅市场供需两旺，库存量较大：

例如2012年武清商品住宅供应面积为186万平方米，成交量为108万平方米。

2013年上半年武清新批准入市销售的房源有7 025套，成交量为7 146套（在全市19个区域中排名第一），上一年积累的78万平方米库存只减少了一小部分。

结论

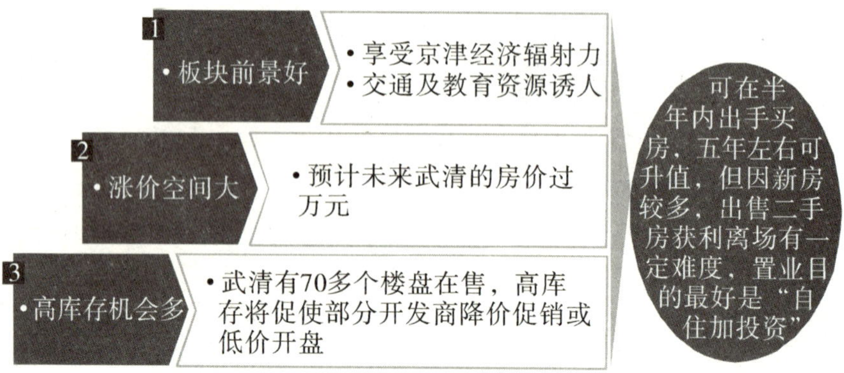
1
•板块前景好
•享受京津经济辐射力
•交通及教育资源诱人
2
•涨价空间大
•预计未来武清的房价过万元
3
•高库存机会多
•武清有70多个楼盘在售，高库存将促使部分开发商降价促销或低价开盘
可在半年内出手买房，五年左右可升值，但因新房较多，出售二手房获利离场有一定难度，置业目的最好是“自住加投资”

三、楼盘选择

进驻武清的开发商哪几个规模较大?

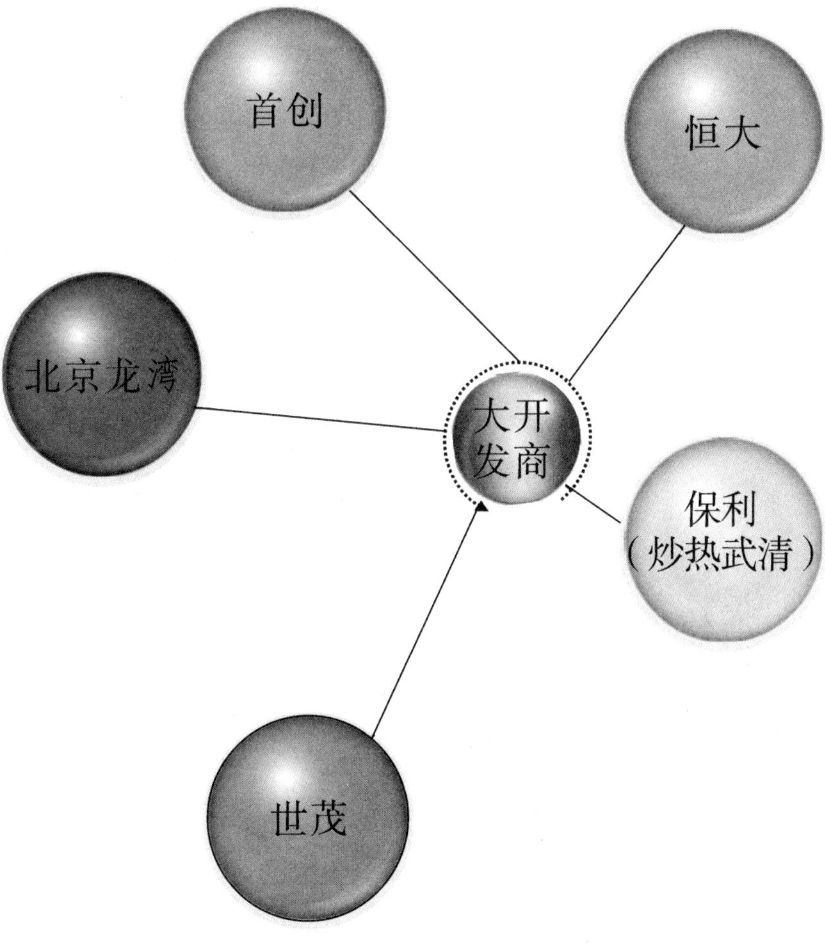

为什么选楼盘要选大开发商的?

大开发商更需要营造好口碑

一二线城市的土地越来越贵，只有大开发商有持续买到土地的能力，这就意味着大开发商会持续跟购房者做生意，那么它们就不太敢为了单个项目的利益粗制滥造、偷工减料以获取最大利润，因为一旦坏名声传出去，会妨碍它们今后通过卖楼持续获得稳定利润。

小开发商在生存压力下可能出问题

有的小开发商资金不足，在市场不好的情况下，几乎用借高利贷的方式筹钱。资金实力不够最终导致周转不灵，各种款项一拖再拖，项目面临转手或烂尾，甚至出现开发商携款潜逃。这些开发商的楼盘不能买，否则出现问题找不着人。小开发商的楼盘的物业服务也往往不如大开发商。

大开发商开发了哪些大型楼盘?

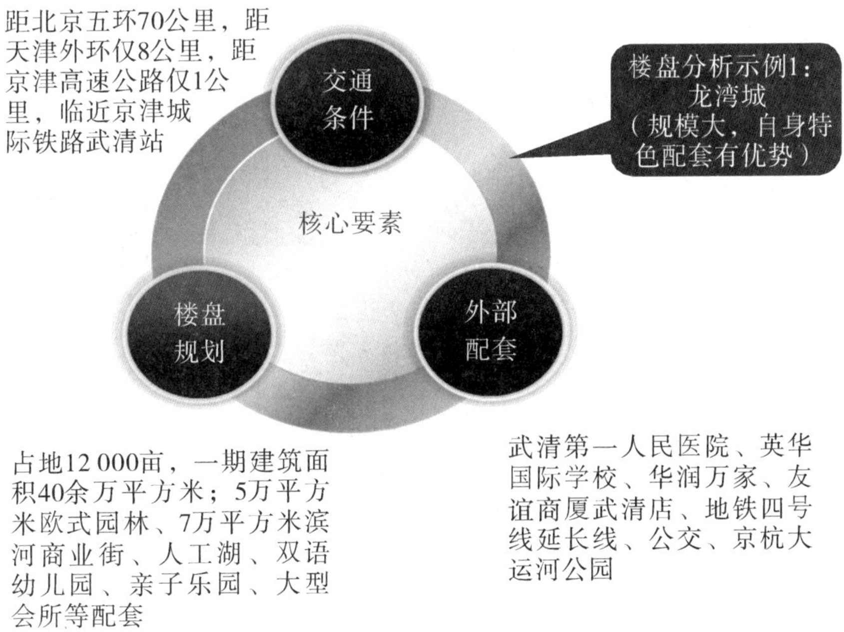

大开发商开发了哪些大型楼盘?

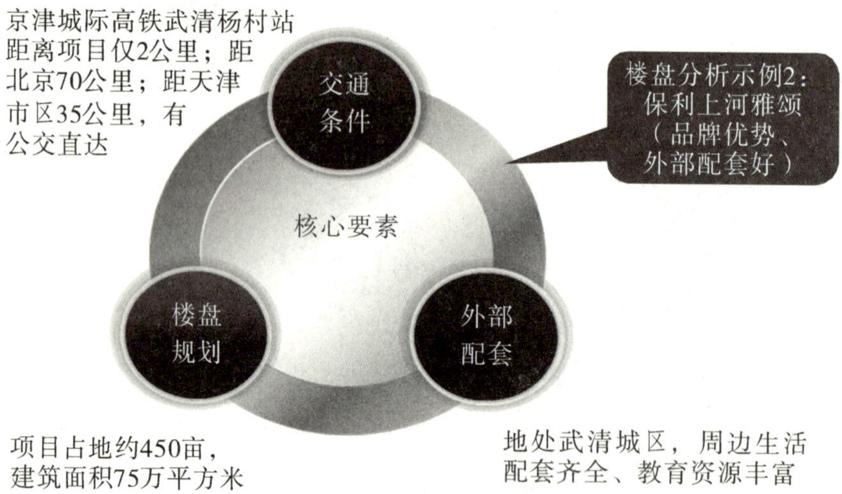

为什么买房要选大型楼盘?

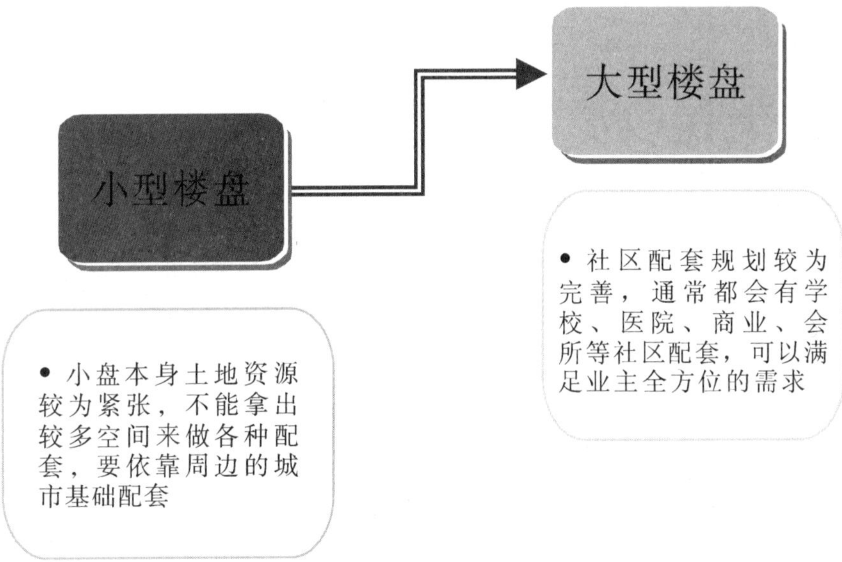

四、楼栋选择

1. 为了开盘大卖，形成市场热度，首期推出的楼栋会比较实惠。
2. 为了完成年度业绩指标，四季度推出的楼栋往往比较实惠。

五、户型选择

1. 坐北朝南的房子通风采光好。
2. 面宽进深比在1：1和1：1.5之间居住舒适。